O que dizem por aí…

"Esta é uma leitura obrigatória para todos os estudantes do Ensino Médio e universitários! Recheada de informações úteis não somente para vendedores, mas para qualquer pessoa que deseja aprimorar os seus esforços, sonhos e objetivos."

— Jessie Schwartzburg, autora, consultora e palestrante

"Em *Venda ou Seja Vendido*, Grant, ao usar estratégias comprovadas, mostra como tornar-se próspero começando do zero. Este é um livro fundamental para quem deseja ter sucesso nas vendas e na vida."

— Bryan Hardman, GSM, Monument Chevrolet

"Este livro vai direto ao ponto, é um diálogo direto e objetivo, útil e interessante para todo profissional. Mesmo que você ainda não seja um vendedor profissional, ele mostrará que vender, e não ser vendido, é uma habilidade indispensável para realizar seus próprios sonhos."

— Harvey Schmiedeke, presidente da Survival Strategies

"*Venda ou Seja Vendido* fornece informações que o farão refletir sobre qual é o seu lugar na economia mundial e sobre o quanto ainda pode crescer para atender às necessidades e aos objetivos de sua vida."

— Dale Christensen, CEO da NOI Investments

"O conhecimento presente neste livro aumentará seus rendimentos. Grant Cardone criou uma obra-prima. É oxigênio puro para o mundo dos negócios de hoje."

— John Mappin, fundador do Metropolis Media Group

"Independentemente de sua posição na 'cadeia alimentar', você precisa ser capaz de se vender. Grant Cardone não apenas gera uma consciência dessa necessidade, mas o ajuda a desenvolver as habilidades para persuadir os outros a entender as coisas do jeito que você desejar."

— J. C. Walter III, presidente da Walter Oil & Gas Corporation

"Comecei hoje a leitura de *Venda ou Seja Vendido* e não consegui parar de ler. Este livro é simplesmente incrível — noções básicas definidas de forma inédita mostrando a verdade da vida e a venda como uma entidade."

— John Hamlin, CEO da Hamlin & Associates

"Amo este livro, pois fornece um olhar sincero sobre a verdade! Seguir o caminho traçado pelo autor ajudará qualquer pessoa a melhorar de vida! Tenho recomendado sua leitura a todos os meus amigos!"

— Patrick J. Clouden, CEO da Consumer Energy Solutions, Inc.

"No mês passado, vivi em modo de sobrevivência e, depois de ler o livro de Grant Cardone, estou novamente me comprometendo com a busca para retomar as rédeas da minha vida. De acordo com seu livro: 'Conhecimento significa Previsão, Previsão significa Confiança, e Confiança significa MAIS VENDAS.' Muito obrigado."

— Ron Palmer, DCH Group

"*Venda ou Seja Vendido* superou minhas expectativas — o título não traduz com precisão o que é tratado neste livro. Ele aborda realmente todos os aspectos da sua vida. É criativo, motivacional e, o mais importante, é muito inspirador."

— Buddy Driver, diretor de treinamento do Damson Automotive Group

"O livro de Grant Cardone me fez acreditar plenamente que 'qualquer pessoa pode ser um rebatedor de sucesso'."

— Norm Novitsky, produtor executivo da BluNile Films

"*Venda ou Seja Vendido* deve ser disponibilizado para qualquer pessoa que deseje gerir uma empresa de sucesso e ser considerado a 'Bíblia' de qualquer vendedor. Este livro é tão incrível que não consigo parar de falar sobre ele e de dizer às pessoas que elas TÊM QUE LÊ-LO."

— Kerri Kasem, personalidade do rádio

VENDA OU SEJA VENDIDO

COMO TRILHAR O SEU CAMINHO NOS NEGÓCIOS E NA VIDA

AUTOR BEST-SELLER DO *NEW YORK TIMES* E ESTRELA DE GRANDES PROGRAMAS DE TREINAMENTO EM NEGÓCIOS NA GRANT CARDONE TV

GRANT CARDONE

ALTA BOOKS
EDITORA
Rio de Janeiro, 2021

Venda ou Seja Vendido
Copyright © 2021 da Starlin Alta Editora e Consultoria Eireli. ISBN: 978-65-552-0340-0

Translated from original Sell or Be Sold. Copyright © 2012 Grant Cardone. ISBN 978-1-60832-256-5. This translation is published and sold by permission of Greenleaf Book Group LLC, the owner of all rights to publish and sell the same. PORTUGUESE language edition published by Starlin Alta Editora e Consultoria Eireli, Copyright © 2021 by Starlin Alta Editora e Consultoria Eireli.

Todos os direitos estão reservados e protegidos por Lei. Nenhuma parte deste livro, sem autorização prévia por escrito da editora, poderá ser reproduzida ou transmitida. A violação dos Direitos Autorais é crime estabelecido na Lei nº 9.610/98 e com punição de acordo com o artigo 184 do Código Penal.

A editora não se responsabiliza pelo conteúdo da obra, formulada exclusivamente pelo(s) autor(es).

Marcas Registradas: Todos os termos mencionados e reconhecidos como Marca Registrada e/ou Comercial são de responsabilidade de seus proprietários. A editora informa não estar associada a nenhum produto e/ou fornecedor apresentado no livro.

Impresso no Brasil — 1ª Edição, 2021 — Edição revisada conforme o Acordo Ortográfico da Língua Portuguesa de 2009.

Produção Editorial
Editora Alta Books

Gerência Editorial
Anderson Vieira

Gerência Comercial
Daniele Fonseca

Equipe Editorial
Ian Verçosa
Illysabelle Trajano
Luana Goulart
Maria de Lourdes Borges
Raquel Porto

Tradução
Camila Paduan

Copidesque
Carolina Palha

Produtor Editorial
Thiê Alves

Rodrigo Ramos
Thales Silva

Revisão Gramatical
Edite Siegert
Kamila Wozniak

Coordenação de Eventos
Viviane Paiva
eventos@altabooks.com.br

Assistente Comercial
Filipe Amorim
vendas.corporativas@altabooks.com.br

Equipe de Design
Larissa Lima
Marcelli Ferreira
Paulo Gomes

Diagramação
Lucia Quaresma

Equipe de Marketing
Livia Carvalho
Gabriela Carvalho
marketing@altabooks.com.br

Editor de Aquisição
José Rugeri
j.rugeri@altabooks.com.br

Equipe Comercial
Daiana Costa
Daniel Leal
Kaique Luiz
Tairone Oliveira
Thiago Brito

Publique seu livro com a Alta Books. Para mais informações envie um e-mail para autoria@altabooks.com.br

Obra disponível para venda corporativa e/ou personalizada. Para mais informações, fale com projetos@altabooks.com.br

Erratas e arquivos de apoio: No site da editora relatamos, com a devida correção, qualquer erro encontrado em nossos livros, bem como disponibilizamos arquivos de apoio e aplicáveis à obra em questão.
Acesse o site **www.altabooks.com.br** e procure pelo título do livro desejado para ter acesso às erratas, aos arquivos de apoio e/ou a outros conteúdos aplicáveis à obra.

Suporte Técnico: A obra é comercializada na forma em que está, sem direito a suporte técnico ou orientação pessoal/exclusiva ao leitor.
A editora não se responsabiliza pela manutenção, atualização e idioma dos sites referidos pelos autores nesta obra.

Ouvidoria: ouvidoria@altabooks.com.br

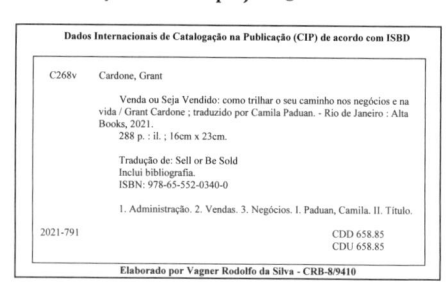

Dados Internacionais de Catalogação na Publicação (CIP) de acordo com ISBD

C268v	Cardone, Grant
	Venda ou Seja Vendido: como trilhar o seu caminho nos negócios e na vida / Grant Cardone ; traduzido por Camila Paduan. - Rio de Janeiro : Alta Books, 2021.
	288 p. : il. ; 16cm x 23cm.
	Tradução de: Sell or Be Sold
	Inclui bibliografia.
	ISBN: 978-65-552-0340-0
	1. Administração. 2. Vendas. 3. Negócios. I. Paduan, Camila. II. Título.
2021-791	CDD 658.85
	CDU 658.85

Elaborado por Vagner Rodolfo da Silva - CRB-8/9410

Rua Viúva Cláudio, 291 — Bairro Industrial do Jacaré
CEP: 20.970-031 — Rio de Janeiro (RJ)
Tels.: (21) 3278-8069 / 3278-8419
www.altabooks.com.br — altabooks@altabooks.com.br
www.facebook.com/altabooks — www.instagram.com/altabooks

Esta publicação objetiva fornecer informações precisas e confiáveis em relação ao assunto abordado. Sua venda presume que o editor e o autor não estão envolvidos na prestação de serviços jurídicos, contábeis ou outros serviços profissionais. Caso seja necessário aconselhamento jurídico ou outra assistência especializada, deve-se buscar os serviços de um profissional competente.

Dedico este livro ao meu pai, Curtis Cardone, que amava verdadeiramente as pessoas e era muito respeitado pela sua família e pela sua comunidade. Meu pai tinha uma grande admiração pelos vendedores e pelo setor de vendas, e acreditava piamente que vender é um pré-requisito para uma pessoa conquistar o sucesso em todas as áreas da sua vida.

SUMÁRIO

Prefácio .... *xvii*

Capítulo Um
Vender — Um Estilo de Vida *1*
    A Venda é um Pré-requisito Para a Vida *1*
    A Comissão *3*
    Cuidado Com Dados Falsos *6*
    Vendas — Essenciais à Sobrevivência *9*

Capítulo Dois
Os Vendedores Fazem o Mundo Girar *13*
    Os Vendedores Impulsionam Toda a Economia *13*
    Vender ou Ir para a Faculdade? *15*
    Todas as Profissões Dependem das Vendas *17*

Capítulo Três
Profissional ou Amador? *21*
    O Profissional *21*
    O Amador *22*
    A Grande Escassez *23*
    Questões do Capítulo Três *26*

Capítulo Quatro
Os Grandes..*29*
    Comprometimento..*29*
    Onde a Grama é Mais Verde *31*
    O Poder da Previsão *35*
    A Única Razão Que o Faz Não Gostar de Vender (Como Profissional ou na Vida)..*38*
    Qualifique-se Como Um dos Grandes!.........................*40*

Capítulo Cinco
A Venda Mais Importante..*45*
    Vender a Si Mesmo *45*
    A Convicção é o Ponto Decisivo *47*
    Superando o Fenômeno dos Noventa Dias..................*51*
    Venda-se ou Seja Vendido *55*
    Aja de Acordo com Suas Palavras................................*55*
    Gelo para Esquimó?...*57*
    O Ponto Essencial..*59*

Capítulo Seis
O Mito do Preço..*63*
    Quase NUNCA é Uma Questão de Preço......................*63*
    A Experiência do Preço *64*
    É Questão de Amor, Não de Preço................................*65*
    Aumente, Nunca Abaixe...*68*
    São os Vendedores, Não os Clientes, Que Atrapalham as Vendas...........*71*
    Um Café por US$4, Uma Água por US$2 ....*73*

Capítulo Sete

O Dinheiro do seu Comprador 77

    Não Existe Escassez de Dinheiro..77

    Seu Comprador e o Dinheiro Dele..78

    O Segundo Dinheiro é Mais Fácil do Que o Primeiro................................79

    Quanto Mais Gastam, Melhor se Sentem..82

Capítulo Oito

Você Está no Ramo das Pessoas 85

    O Ramo das Pessoas, Não do Produto "X"...85

    A Pessoa Mais Interessante do Mundo...88

    Comunicação = Vendas..90

    As Pessoas São Superiores aos Produtos (Essencial para Executivos) 93

Capítulo Nove

A Mágica da Concordância 99

    Sempre Concorde com o Cliente...99

    Só é Preciso Uma..100

    O Desafio da Concordância 102

    Como Abrandar Qualquer Comprador...105

    As Palavras Mágicas..106

Capítulo Dez

Ganhando Confiança 109

    Mostre, Não Diga...109

    Clientes Potenciais Não Realizam Vendas – Vendedores, Sim...............111

    Credibilidade = Aumento nas Vendas 112

    As Pessoas Acreditam no Que Veem, Não no Que Ouvem 113

    Como Tratar a Desconfiança do Comprador...115

    Dicas Sobre o Uso de Informações Escritas e Visuais para Fechar um Negócio *119*

    Ajude-os a Acreditarem em Você *120*

Capítulo Onze

Dar, Dar, Dar *123*

    A Mágica de Dar, Dar, Dar *123*

    Ame Aquele com Quem Você Está *126*

    Você é um Holiday Inn ou um Ritz-Carlton? *127*

    O Serviço é Superior à Venda *130*

Capítulo Doze

Vender Agressivamente *135*

    A Venda Agressiva *135*

    A Fórmula para Vender Agressivamente *138*

    Negociar é Como Seguir uma Receita de Bolo *138*

    Ficar de Pé é Para os Perdedores, Um Negócio se Fecha Sentado *140*

Capítulo Treze

Grandes Atitudes *143*

    Tome Grandes Atitudes *143*

    Os Quatro Tipos de Atitude *145*

    Grandes Atitudes = Novos Problemas *146*

    Produção Gera Felicidade *148*

    A Regra 10X *149*

    Aja Como um Louco *150*

Capítulo Quatorze

A Base de Poder *153*

    Desenvolva sua Base de Poder *153*

    Como Criar Sua Base de Poder *154*

Impor-se A Eles ou Ajudá-los?..*156*
　　Capitalize a Venda Fácil...*158*
　　Criando Poder!..*159*

Capítulo Quinze
Tempo..*163*
　　Quanto Tempo Você Tem?...*163*
　　Use Todos os Momentos para Vender *164*
　　Quanto Tempo Você Está Desperdiçando?....................................*165*
　　As Oportunidades da Hora do Almoço..*166*
　　Mais Almoços = Mais Vendas!..*168*

Capítulo Dezesseis
Atitude..*171*
　　Uma Atitude Positiva Vale Mais do Que Um Grande Produto..........*171*
　　Trate-os Como Milionários *173*
　　Um Produto de Seu Ambiente...*176*
　　Dicas Para Ter uma Boa Atitude...*178*

Capítulo Dezessete
A Maior Venda da Minha Vida *183*
　　Sumário *189*

Capítulo Dezoito
O Processo de Venda Perfeito *191*
　　Etapa Um: Saudação..*195*
　　Etapa Dois: Determinação dos Desejos e das Necessidades *196*
　　Etapa Três: Seleção do Produto e Apresentação/Criação de Valor *198*
　　Etapa Quatro: Apresentação da Proposta.....................................*200*
　　Etapa Cinco: Fechamento do Negócio ou Desistência do Cliente *201*

Capítulo Dezenove
Sucesso nas Vendas 203
    Faça a Si Mesmo Essas Perguntas 204
    Seja Honesto Consigo Mesmo: Nunca Justifique Seu Fracasso 206

Capítulo Vinte
Dicas de Treinamento em Vendas 209
    Meu Regime de Treinamento para Você 213

Capítulo Vinte e Um
Crie Presença nas Redes Sociais 215
    Cronograma de Sucesso de Vendas de US$250 mil 220
    Os Compromissos Diários do Vendedor Profissional 222
    Os Dez Mandamentos das Vendas 223

Capítulo Vinte e Dois
Dicas Rápidas para Superar os Maiores Desafios em Vendas 227
    Rejeição 227
    Ambientes Negativos 229
    Disciplina 230
    A Economia 231
    Concorrência 232
    Conhecimento do Produto 233
    Acompanhamento 234
    Organização 235
    Aversão a Telefonemas 236
    Abasteça seu pipeline 237
    Fechando o Negócio 238
    Chamadas Não Retornadas 239
    Medo 241

As Pessoas e Suas Emoções 244
As Conotações Negativas das Vendas...245
Não Ter a Resposta Certa 247
Sobrecarregado Pelas Objeções do Cliente...250
Sentindo-se Um Idiota...252
Conhecendo Novas Pessoas 253
Quebrando o Gelo...254
Mantendo-se Motivado 255
Começando Com Novos Clientes 257
Perdendo Negócios Para os Outros..257
Falta de Consistência..258
Captando/Prospectando..259
Apenas Comissão/Nenhuma Segurança..260
Longas Horas de Trabalho..261
Características de Um Grande Vendedor..262

Sobre o Autor..267

PREFÁCIO

Desde que escrevi meu primeiro livro, *Sell to Survive* [*Venda para Sobreviver*, em tradução livre], que foi uma publicação independente, escrevi outros três: *The Closer's Survival Guide*, *If You're Not First, You're Last* (best-seller do *New York Times*) e *10X: A Regra que Faz a Diferença Entre Sucesso x Fracasso*, que me foi útil para conseguir um programa na TV.

Enquanto escrevia esses livros, aprendi muito sobre o que as pessoas podem realmente usar, o que funciona e, por causa das contribuições daqueles que o leram, percebi em que elas precisavam de ajuda.

Sell to Survive nunca foi vendido em uma livraria. Mesmo assim, ficou entre os 1% mais vendidos de todos os livros publicados de forma independente, apenas com o boca a boca. Recebi comentários e perguntas de milhares de pessoas por causa dele. Como muitos desses leitores afirmaram, ele mudou completamente suas carreiras em vendas. Outros, que não se imaginavam como vendedores, disseram que o livro lhes permitiu perceber em que estavam errando em seus objetivos de carreira para expandir seus negócios.

Acredito que *Sell to Survive* seja o livro mais importante já escrito sobre vendas nos últimos cinquenta anos, vital para todas as pessoas interessadas em tornar seus sonhos realidade. Pegamos esse livro e o reformulamos, adicionamos material, atualizamos e o renomeamos: *Venda ou Seja Vendido: Como Trilhar o Seu Caminho nos Negócios e na Vida*.

Divirta-se!

Grant Cardone

CAPÍTULO UM

VENDER — UM ESTILO DE VIDA

A VENDA É UM PRÉ-REQUISITO PARA A VIDA

A venda afeta a todos. Sua capacidade ou incapacidade de vender, persuadir, negociar e convencer outras pessoas afetará todas as áreas de sua vida e determinará seu grau de sobrevivência.

Não importa qual seja o seu título ou posição na vida, ou a função que desempenha em uma empresa ou equipe. Em algum momento, você terá que convencer alguém de algo.

A venda é usada todos os dias, por todas as pessoas. Ninguém fica de fora. Vender não é apenas um emprego ou uma carreira. É essencial para a sobrevivência e o bem-estar de todo indivíduo vivo.

Sua capacidade de se sair bem na vida depende de sua capacidade de vender aos outros as coisas nas quais acredita! É preciso saber como negociar e como chegar a um acordo com as outras pessoas. A capacidade de fazer com que os outros gostem de você, trabalhem com você e queiram agradá-lo determina seu grau de sobrevivência. Vender não é apenas uma tarefa — é um estilo de vida!

Vender (dicionário Merriam-Webster): A ação de persuadir ou influenciar outra pessoa para um curso de ação ou a aceitação de algo.

Quem não é afetado por isso?

Quando digo "vender", estou falando sobre qualquer coisa relacionada a convencer, a persuadir, a negociar ou a apenas conseguir o que se deseja. Isso inclui debates, convivência com outras pessoas, troca de bens ou serviços, convencer uma garota a sair com você, comprar ou vender uma casa, convencer o banco a lhe dar um empréstimo, iniciar seu próprio negócio, persuadir alguém a apoiar suas ideias ou vender um produto para um cliente.

Diz-se que o principal motivo do fracasso de uma empresa ou indivíduo é a falta de capital. Nada disso! Na verdade, as empresas fracassam, em primeiro lugar, porque suas ideias não foram vendidas com rapidez e em quantidade suficientes, e, portanto, elas ficaram sem dinheiro. *Nenhum* empresário pode criar um negócio sem compreender este elemento fundamental chamado vendas! Pense em qualquer aspecto da sua vida, e eu garanto a você que há alguém, em algum lugar, tentando influenciar o resultado.

Um exemplo: Um jogador de golfe está prestes a realizar uma tacada de 2m. Ele golpeia a bola e faz tudo o que pode para persuadi-la a entrar no buraco. Fala com ela, implora, movimenta as mãos e até sussurra uma pequena prece para que a bola entre. O tempo todo, seu oponente fica parado à sua frente, fazendo exatamente o oposto. Esse exemplo mostra que cada um de nós está sempre tentando influenciar um determinado resultado.

O grau em que você pode influenciar o resultado dos eventos em sua vida é o fator determinante do seu sucesso. Aqueles indivíduos que não querem confiar seu destino a súplicas, desejos, orações e esperanças devem aprender a persuadir, a convencer e a negociar.

Não importa quem somos ou o que fazemos, estamos sempre vendendo algo. Também não importa se nos consideramos vendedores ou não, seja porque estamos vendendo algo, seja porque alguém está nos vendendo. De qualquer forma, uma das partes vai influenciar o resultado, e uma ou outra pessoa vai conseguir o que deseja.

Uma venda é realizada em *todas* as trocas de ideias ou comunicações — sem exceção. Negue se quiser, mas isso não mudará os fatos. Você é um vendedor e seguirá sendo por toda a vida. Do momento em que acorda até o momento em que vai dormir, você está tentando conseguir o que deseja. O fato de não ter o título de "vendedor" ou de não estar recebendo uma comissão é apenas um detalhe técnico. Você ainda é um vendedor — e as comissões vêm em muitas formas.

A COMISSÃO

E por falar em comissões: Todas as vezes que você consegue o que quer, está recebendo uma comissão. Nem todos os pagamentos são monetários. Algumas das maiores conquistas que fiz na minha vida não tiveram nada a ver com dinheiro. O reconhecimento por um trabalho bem-feito é uma comissão. Um aumento ou uma promoção é uma comissão. Fazer novos amigos é uma comissão incrível. Conseguir votos para um projeto que você está promovendo é uma comissão.

Acho engraçado quando as pessoas me dizem: "Eu nunca seria vendedor porque nunca conseguiria trabalhar por comissão." Fico tipo: "O que você quer dizer com isso? Toda a sua vida é uma comissão. Não há salário garantido na vida. O mundo inteiro se baseia em comissões, e todos nós somos obrigados a vender!"

Já ouvi dizer que as melhores coisas da vida são de graça, mas não concordo com isso. As melhores coisas da vida são aquelas que vêm na forma de comissão por algum esforço extra bem executado! Felicidade, segurança, proteção, uma boa casa, uma boa família, amor, confiança, amigos, sua igreja, sua comunidade e assim por diante — tudo isso são comissões recebidas pelo trabalho árduo de alguém ao vender aos outros um estilo de vida melhor.

O amor verdadeiro, a melhor das comissões, é conquistado por quem encontra o parceiro certo, cuida dele, continua a cultivar o relacionamento e o mantém crescendo. Não há garantias de que ele lhe trará o amor. Primeiro, você tem que persuadir a pessoa a se interessar por você. Depois, tem que descobrir o que ela quer e o que a faz feliz. Então, você tem que cultivar o amor e continuar a cultivá-lo. Mas em algum ponto deste relacionamento, será necessário vender para a outra pessoa a ideia de que você é a pessoa na qual ela pode confiar para criar uma vida. Se você tiver sucesso e exceder as expectativas da pessoa, receberá sua comissão em forma de amor.

A saúde não é uma garantia na vida. Saúde é uma comissão recebida por cuidar de você e de sua mente. Quando uma pessoa se vende com sucesso o hábito de comer bem, exercitar-se e cuidar da mente, recebe uma comissão em forma de boa saúde.

O grande benefício de gerar filhos também é uma espécie de comissão e não é garantida para todos os casamentos. Você ainda tem que convencer seu parceiro a fazer sexo com você, e o casamento por si só não é garantia de que será bem-sucedido nesse assunto. Se não for capaz de negociar com seu parceiro, não receberá a grande comissão representada pelos filhos. Após tê-los, é necessário continuar a vender. Conceitos como disciplina, ética no trabalho, educação, boas maneiras e dever de casa, todos devem ser vendidos. Se você não vender, será vendido. As crianças são os melhores vendedores do planeta. São negociadores passionais, implacáveis e persistentes, capazes de quebrar a resistência dos pais até conseguir o que querem!

O que quero dizer é que a venda está relacionada à vida, e todas as áreas da vida a envolvem. Quanto mais vendas consistentes você conseguir, mais comissões receberá!

Então, corra atrás! Todas as pessoas que habitam este planeta são vendedores. Essa é uma regra sem exceções. Você vende quase o dia todo. Se isso o desagrada de alguma forma, é porque provavelmente não entende o significado de vender. Quando digo "vender", você logo pensa em um vigarista tagarela, capaz de vender qualquer coisa para qualquer pessoa? Ou, quem sabe, imagina alguém agressivo, do tipo intimidador? Esses dois estereótipos são extremos negativos das vendas e de forma alguma descrevem as habilidades de um vendedor real. Confronto e intimidação são atributos de amadores, que não entendem o processo de vendas e acabam recorrendo a táticas desagradáveis.

Ao discutir vendas neste livro, não me refiro só ao vendedor profissional, remunerado, mas também ao uso cotidiano de habilidades básicas de persuasão e a como usá-las para *conseguir o que deseja*.

CUIDADO COM DADOS FALSOS

O tema vendas, assim como qualquer outro, está cheio de informações falsas perpetuadas ao longo dos anos. Esses dados falsos podem ser parcialmente responsáveis pela má impressão da profissão e dessa habilidade de vida muito necessária. "Dados falsos" são informações não factuais, aceitas e transmitidas como verdades.

Por exemplo, por muitos anos em minha vida, quis comprar imóveis e tinha um interesse particular em prédios residenciais. Logo no início, várias pessoas com quem conversei me disseram que era um pesadelo ser dono de apartamentos e que eu teria muitos aborrecimentos quando um cano estourasse à meia-noite. Embora os inquilinos obviamente fiquem chateados quando há um vazamento, são os dados falsos sobre a posse de apartamentos que realmente fazem com que as pessoas percam o interesse em comprá-los. Tive mais de 2.500 deles, e, acredite, o locatário não é o problema. Não ter inquilinos é. Vazamentos são apenas uma questão a se resolver. É claro que existem problemas quando somos donos de prédios residenciais, mas e daí? Garanto que eles são mínimos em comparação com as recompensas. Pessoas que sabiam muito pouco sobre o assunto usaram esses dados falsos como desculpa para que eu não comprasse os edifícios.

Tudo o que diz respeito a dinheiro está repleto de dados falsos, muitos, repassados por pessoas que dão conselhos, mas não o possuem.

Quando estava iniciando meu primeiro negócio, muita gente me dizia como seria difícil, quanto dinheiro seria necessário, o quanto seria arriscado e quantos negócios sobreviviam. Nenhuma daquelas pessoas havia de fato iniciado um negócio, mas, ainda assim, me davam muitos conselhos. Veja, esses são dados que desconsideram todas as histórias de sucesso de pessoas como eu, que criaram seu próprio negócio. Mais tarde, abri outra empresa, que exigia a aceitação de um sócio. Várias pessoas disseram que a maioria das sociedades não funciona. Bem, só posso dizer que, embora elas sejam difíceis, teria sido impossível operar esse negócio sem um sócio. A propósito, essa sociedade em particular, que fechamos com um simples aperto de mão, já dura quase quinze anos.

As pessoas tendem a formar opiniões, dar conselhos e transmitir mitos quando, na verdade, não têm nenhuma experiência pessoal. Muitos dos dados que transmitem não foram totalmente verificados, embora tenham sido transmitidos como verdade.

Considere as lendas urbanas. Um cara jura que era amigo da irmã de um amigo, que desapareceu na noite do baile de formatura há vinte anos, e que o fantasma dela agora pega carona ao longo da estrada deserta entre a cidade e o antigo cemitério. Você ouvirá a mesma história em várias cidades do país. Se perguntar por nomes e datas específicos, ele não será capaz de fornecê-los, quando apenas alguns minutos atrás estava transmitindo essa mentira como se fosse verdade.

Muitos anos atrás, disseram-me para não me mudar para a Califórnia, porque "era muito caro e as pessoas eram muito estranhas". Quem me disse isso nunca viveu na Califórnia!

O mesmo fenômeno ocorre com as vendas, fazendo com que a profissão e a habilidade tenham má fama. É uma lástima, porque todo mundo precisa dessa habilidade para ser bem-sucedido, e a própria profissão oferece muita liberdade e muitos benefícios financeiros. Muitas pessoas continuam a passar informações falsas de que vender é complicado, que é difícil depender de comissões, que é vulgar, que você terá que trabalhar muitas horas, que não é uma profissão confiável, que não se pode contar com a renda e que isso não é considerado um trabalho "real"! É uma pena, porque vender como profissão oferece grande liberdade e inúmeros benefícios financeiros.

A maioria das percepções que as pessoas têm sobre as vendas raramente se baseia na realidade. Certamente, quaisquer imagens negativas que você tenha sobre os vendedores são baseadas no passado — o que sugere que elas não são particularmente relevantes para o presente, justamente por estarem lá. Quando falo sobre vender, persuadir e negociar, você talvez se lembre de uma experiência passada ou de algo que lhe contaram sobre os vendedores, que o tire do contexto atual. Você estaria contando com uma decisão, um conselho ou uma opinião do passado para obter suas informações. Todas as imagens baseadas no passado têm muito pouco valor no presente e definitivamente nenhum valor na criação de um futuro.

VENDAS — ESSENCIAIS À SOBREVIVÊNCIA

Independentemente de suas opiniões, ideias ou avaliações preconcebidas sobre vendas e vendedores, é preciso estar ciente de que você terá que vender, não importa qual seja a posição ou o trabalho que desempenhe na vida. Quer seja rico ou pobre, homem ou mulher, ganhe salário ou comissão, você está sempre vendendo algo para alguém, a fim de poder progredir. Não há exceção a essa regra, e é impossível escapar dela. Mas isso não significa que você tem que começar a usar calças de poliéster e sapatos brancos de couro envernizado, ser tagarela e intimidar as pessoas para que elas façam o que deseja.

Reserve um momento para considerar todos os diferentes papéis que desempenha na vida. Pense em você como esposa, parceira, funcionária, mãe, professora, membro da igreja, vizinha, amiga, escritora e presidente da Associação de Pais e Mestres. Analise cada uma dessas funções e observe como as vendas estão envolvidas. Talvez vender não seja sua carreira em tempo integral e talvez você não receba uma comissão em dinheiro para vender produtos, mas garanto que perceberá como a venda afetará seu sucesso em cada função mais do que qualquer outra habilidade que possui.

A recepcionista que quer aumento, a atriz que quer o papel, o cara que quer a garota — todos contam com a venda de si próprios, de forma consciente ou inconsciente. Um vendedor profissional, que depende das vendas para sua subsistência, definitivamente precisa dominar o assunto. Quando você está dirigindo para o trabalho e quer sair da rodovia, precisa negociar e vender aos outros motoristas para poder acessar a saída. Quando está comprando uma casa e tenta convencer o vendedor a aceitar um preço mais baixo, você está vendendo.

Quando vai ao banco para pedir um empréstimo, está vendendo aos agentes de crédito o motivo pelo qual eles devem concedê-lo. Quando um ator faz um teste para um trabalho, não importa o quanto esteja bem preparado, é melhor ser capaz de convencer o diretor de que não só pode atuar, mas de que é o cara certo para o papel! Comece a se preparar agora, porque não há como evitar o fato de que precisará dessa habilidade para ser bem-sucedido.

A habilidade de vendas é tão essencial para a sobrevivência de uma pessoa que não entendo por que não é uma matéria obrigatória na escola. O fato de não ser ensinada na escola, de não ser exigida, ou mesmo oferecida, apenas indica o imenso valor de quem a aprende. Tenho observado que as habilidades essenciais mais importantes na vida não são ensinadas na escola. Passei dezessete anos na educação formal e posso dizer que aprendi mais com seminários, programas de áudio, livros e conversando com outros empresários de sucesso em conferências do que em toda a minha formação. Nenhum empresário de sucesso excluiria as habilidades básicas de venda, persuasão e negociação de uma lista das coisas que o ajudaram ao longo do caminho.

A capacidade de uma pessoa de persuadir outra é a única coisa que, em última análise, garantirá uma posição no mercado. Registros acadêmicos, notas e currículos não lhe garantem uma promoção ou progresso na vida, mas a capacidade de vender, sim. Todos os estudantes deveriam ser obrigados a aprender habilidades básicas de persuasão, negociação e técnicas de fechamento de vendas, visto que são fundamentais para a vida. Nenhum outro conjunto de habilidades determinará melhor a probabilidade de uma pessoa conseguir um emprego, muito menos de ser bem-sucedida na vida, do que a capacidade de persuadir, negociar com sucesso e convencer os outros a agir.

Como empregador, nem sempre contrato a pessoa mais inteligente ou a mais qualificada para preencher uma vaga. Sou muito mais propenso a contratar a pessoa que me convence de que é apta para o trabalho. Analiso sua capacidade de persuasão antes de examinar seu currículo. Vou gostar de estar perto dela? Essa pessoa é uma vencedora? Exala confiança e uma atitude positiva? Pode convencer outras a agir? Sempre contratarei o candidato persuasivo, positivo e confiante, em vez daquele que me oferece pouco mais do que um currículo sofisticado.

Já foi dito que quase 1/4 da população do planeta está envolvida com vendas, mas quem fez essa estimativa considerou apenas um setor e um tipo de emprego. É incorreto pensar em vendas dessa forma. Vender é uma necessidade absoluta para ter sucesso na vida. Respirar, comer e fazer exercícios não são carreiras para a maioria de nós — são requisitos fundamentais para se viver. O mesmo acontece com vender. A maioria dos livros sobre o tema trata da carreira de vendedor e exclui o quanto essa habilidade é indispensável para a vida.

Minha esposa sempre me pergunta: "Como você sempre consegue o que quer das pessoas?" A resposta é simples — porque eu quero isso. Quero uma boa vida para nós! Porque tento conseguir o que quero? Sim! E porque sei como vender, persuadir, fechar negócios e conseguir o que desejo! Consciente disso ou não, minha esposa é uma das melhores vendedoras que já conheci. Ela é cativante, persistente e sempre parece conseguir o que quer — e não apenas comigo.

Este livro vai lhe ensinar como conseguir o que deseja na vida!

QUESTÕES DO CAPÍTULO UM

Cite três coisas que exigiram que você usasse suas habilidades de vendas na última semana.

    1.

    2.

    3.

Segundo o autor, qual é a razão número um para o fracasso de uma empresa?

Quais são as três comissões não monetárias que você recebe na vida?

    1.

    2.

    3.

Quais são as duas habilidades que garantirão a posição de uma pessoa no mercado?

    1.

    2.

CAPÍTULO DOIS

OS VENDEDORES FAZEM O MUNDO GIRAR

OS VENDEDORES IMPULSIONAM TODA A ECONOMIA

Os vendedores de carreira são essenciais para a dinâmica de qualquer economia. Sem eles, todos os setores do planeta parariam de repente, sem aviso. São para a economia o que os roteiristas são para Hollywood. Dizem por aí que até mesmo Deus e o Diabo precisam de bons vendedores.

Vender é a última grande oportunidade de livre iniciativa disponível atualmente. Nas vendas, um indivíduo pode trabalhar por conta própria, ser responsável por si mesmo e realizar seus sonhos. Apenas com uma caneta para assinar contratos e um compromisso com a excelência, você pode se tornar o que quiser! Para aqueles que estão dispostos a se comprometer para transformar a venda em carreira e continuar a aprender como dominá-la, o céu é o limite. Faça isso e será recompensado com todos os tesouros do mundo. Aprenda a grande arte de vender e você nunca ficará sem trabalho, porque sempre será necessário para os outros. Descubra como controlar todo o ciclo de vendas, do início ao fim, e terá a confiança para ir aonde quiser, fazer o que quiser, vender qualquer produto e saber com total convicção que você pode ter tudo o que desejar.

Sem vendedores, o mundo pararia de girar. Se um produto não é vendido e levado ao público, as fábricas param, a produção para, não há necessidade de distribuição e armazenamento, a demanda de envio é reduzida e a publicidade é interrompida. O fardo de toda a economia de nossa cultura atual repousa sobre a habilidade dos vendedores. O motor econômico da sociedade depende totalmente da capacidade de colocar os produtos nas mãos dos consumidores. Se os consumidores não os comprarem, as fábricas não sobreviverão.

Os vendedores impulsionam produtos, empresas individuais, setores completos e economias inteiras. Como muitas pessoas, iniciei nas vendas quando saí da faculdade, porque não sabia o que realmente queria fazer da vida. Decidi vender até encontrar um emprego "real". Escolhi a venda por ser um ramo fácil de entrar, sem que precisasse tomar decisões que mudassem minha vida. Mesmo depois de me decidir, minha família, meus amigos e meus professores me repreenderam, dizendo que eu deveria conseguir um emprego "de verdade".

Para mim, o problema era que os chamados empregos "reais" não pareciam pagar um dinheiro "real" — além disso, pareciam ser armadilhas enfadonhas que minavam a vida das pessoas. A única coisa que poderia associar a esses empregos "reais" eram os professores que os promoviam. Ainda hoje, esses empregos "reais" vêm com títulos "reais", como médico, advogado, contador, enfermeiro, químico, engenheiro, corretor da bolsa, quiroprático etc. Só que todos esses profissionais precisam se vender para os outros para serem bem-sucedidos em suas carreiras. Seu sucesso na vida depende totalmente de uma habilidade mais do que de qualquer outra, e essa habilidade é a arte da venda.

VENDER OU IR PARA A FACULDADE?

É uma pena que a cultura atual não valorize a venda o suficiente para ministrar cursos sobre ela. Nunca, em toda a minha educação formal, ela foi apresentada como uma opção. Fico imaginando o quanto essa área seria respeitável e desejável se fosse ensinada na escola. Se o assunto não é ensinado nas grandes "instituições de ensino" mundiais, não deve ser uma carreira real. Certo? Errado! Ninguém na escola me ensinou sobre dinheiro, investimentos ou imóveis. Mas isso não significa que esses assuntos não sejam importantes. As escolas também não ensinam como preservar um bom casamento ou como criar filhos e, mesmo assim, o que poderia ser mais valioso do que isso?

Muitos jovens que participaram dos meus seminários disseram estar divididos entre ir para a faculdade e continuar com suas carreiras de vendas. Minha resposta sempre foi a mesma: Embora as escolas ensinem às pessoas noções básicas para serem bem-sucedidas na vida e no mundo corporativo, nenhuma pode criar uma grande pessoa. Lá você aprenderá os requisitos absolutamente necessários e poderá criar algumas conexões excelentes, mas elas não são capazes de fazer com que uma pessoa tenha sucesso. Somente com a prática podemos nos tornar bem-sucedidos ou excelentes em qualquer área.

Pesquise as cem pessoas mais bem-sucedidas financeiramente no mundo hoje e aposto que não encontrará ninguém que atribua seu sucesso à sua educação formal. Muitas nem sequer seguiram o caminho tradicional. Isso não quer dizer que as escolas sejam ruins ou uma perda de tempo, mas o ensino superior não é "o segredo" que leva as pessoas a fazerem grandes coisas. Olhe ao seu redor e encontrará sistemas de ensino atuais produzindo uma força de trabalho com pessoas que são capazes de se lembrar de tudo o que leem, mas incapazes de pôr em prática o que aprenderam. Embora você aprenda muitos fundamentos essenciais na escola, não aprenderá como equilibrar um orçamento, aumentar seu patrimônio líquido, economizar dinheiro, fechar um grande negócio, comunicar-se, resolver problemas ou aumentar seu valor no mercado. Tais habilidades só serão aprendidas buscando informações fora das escolas. Isso é o que a maioria das pessoas sabe que precisa ser feito. Uma educação básica, embora muito necessária, não pode ser considerada o "ponto-final". Embora haja grandes professores no sistema de ensino, é lamentável que, devido aos salários ridiculamente baixos, muitos estejam apenas nos empurrando currículos goela abaixo, forçando os alunos em disciplinas e cursos que nunca serão usados em seu dia a dia. Pergunte a qualquer empresário qual é o seu maior problema e verá que é sempre o mesmo. Ele não consegue encontrar pessoas que pensam de forma independente, que resolvem problemas e que são capazes de contribuir com seu negócio, ajudando-o a expandir sua empresa.

As escolas ensinam inglês, matemática, gramática, química, história e geografia, absolutamente necessários, mas nunca reservam um tempo para ensinar coisas tão importantes quanto vender, persuadir e atender de fato às necessidades do empregador. Elas não foram criadas para ensinar as coisas que podem fazer uma grande diferença. Não sei por quê, mas posso dizer que conheço vendedores que estão ganhando mais dinheiro do que cirurgiões cardiovasculares, com muito menos responsabilidade e muito menos estresse.

TODAS AS PROFISSÕES DEPENDEM DAS VENDAS

Sei que para uma pessoa ter uma boa vida, terá que conhecer e aplicar as habilidades de qualquer grande vendedor. Pode-se contratar um médico, advogado ou arquiteto, mas não se consegue viver sem a capacidade de se comunicar, persuadir, negociar e fechar um negócio.

Essas habilidades são mais úteis e vitais do que qualquer coisa que se possa aprender por meio de uma educação formal. Não estou sugerindo que essas outras áreas do conhecimento não sejam valiosas e dignas. É claro que são. Estou apenas demonstrando que vender é uma profissão valiosa, digna e respeitável, além de ser uma habilidade indispensável para todos. Em vez de trabalhar por hora, você pode se tornar um indivíduo bem pago, sem limite para seu potencial de ganhos. Embora outros possam ter decidido que vendas não é uma carreira respeitável, posso dizer que ando passando um tempo com líderes em muitas profissões, de engenheiros e banqueiros a atores e diretores de cinema. Cada uma dessas pessoas teve que construir uma carreira em vendas para chegar ao topo em seus setores. Entre os produtores importantes, todos disseram-me que leram livros sobre negociação, venda e persuasão. Por quê? Porque eles sabem que essas habilidades são indispensáveis para seu sucesso.

Todas as pessoas, não importa qual seja sua profissão, dependem da venda. O político precisa convencê-lo a votar nele no dia da eleição. O orador espera convencer o público de que sua abordagem é a correta. O funcionário que deseja uma promoção tem que vender ao chefe o seu valor para a empresa. O treinador tem que convencer sua equipe a ganhar o jogo. O agente imobiliário deve convencê-lo a comprar uma casa ou a deixar que ele venda a sua. O corretor quer que você faça um terceiro refinanciamento. O banqueiro quer que invista nos fundos do banco. O garçom está vendendo o especial do dia. O vendedor de roupas quer vender-lhe um terno, três camisas e duas gravatas — e também quer que você solicite o cartão de crédito da loja de departamentos.

A venda nunca termina e inclui todas as pessoas. Aqueles que são capazes de vender, de persuadir e de fechar negócios são os que sobrevivem melhor, independentemente do seu ramo de atuação.

Tire suas próprias conclusões sobre por que a venda não é respeitada como profissão, nem ensinada nas escolas. Talvez por causa de alguns vendedores criminosos ao longo dos anos, que arruinaram a reputação de todos. Estes não são vendedores. São vigaristas. Mas esse tipo de criminoso e vigarista pode ser encontrado em todas as áreas, incluindo medicina, direito, odontologia, ensino, política e, certamente, psiquiatria.

Mas uma coisa é certa: Ninguém jamais obterá verdadeiro poder e importância mundial sem a capacidade de persuadir outras pessoas. A capacidade de se comunicar e convencer os outros é uma vantagem. A incapacidade de se comunicar é uma desvantagem. Não importa quais sejam suas ambições, é necessário se comunicar com os outros, e, quanto melhor fizer isso, mais pessoas concordarão com você. Quanto mais conseguir que os outros concordem com você, mais poderá conseguir tudo o que quer na vida. Quanto mais conseguir o que quer na vida, mais a aproveitará.

QUESTÕES DO CAPÍTULO DOIS

Quais são as três liberdades decorrentes da venda?

   1.

   2.

   3.

Quais são as quatro coisas que dependem dos vendedores?

   1.

   2.

   3.

   4.

Com suas palavras, descreva a importância da venda para a economia.

O que o autor sugere ser uma vantagem e uma desvantagem quando se trata de venda, e como isso afeta sua vida?

CAPÍTULO TRÊS

PROFISSIONAL OU AMADOR?

O PROFISSIONAL

Venha comigo desvendar os segredos dos vendedores profissionais e saber como se tornar um deles. Mesmo que sua profissão não esteja diretamente relacionada à venda, você precisa ser um vendedor profissional para tirar mais proveito da vida. Costumo dizer aos que participam dos meus seminários sobre dinheiro: "Se quer ficar rico, aprenda a vender." Tornei-me profissional de vendas aos 26 anos, após anos de pesquisa e intenso estudo. O árduo trabalho valeu a pena, e minha vida mudou completamente depois que aprendi essa habilidade. Cada negócio que comecei, cada dólar que ganhei e todas as coisas importantes que me aconteceram são o resultado disso.

Três quartos da população mundial não faz a menor ideia de que o sucesso que terá em sua vida e carreira depende exclusivamente da venda. Se não souberem vender, não serão bem-sucedidos. Mesmo que vender não seja sua ocupação principal, espero que agora você esteja convencido de que é essencial para sua vida. Nenhum sonho pode se tornar realidade sem vendê-lo com sucesso para os outros.

Profissional: Uma pessoa envolvida em uma atividade específica, como sua principal ocupação remunerada, e não como um passatempo.

Pela minha experiência, 99% de todos os vendedores "profissionais" têm apenas uma ligeira ideia do que é vender, e muito menos de como determinar e prever os resultados. O que eu disse não é para ofendê-lo, mas para adverti-lo. Se ficou ofendido de alguma forma, continue a ler. Às vezes, não é fácil ouvir a verdade, e este livro o ensinará a controlar sua profissão e seu cliente, o ajudará a aumentar sua renda e o transformará em um verdadeiro profissional. A maioria dos verdadeiros profissionais nem mesmo se autodenomina vendedor. Em vez disso, se consideram litigantes, negociadores, moderadores, proprietários de empresas, inventores, políticos, treinadores, angariadores de fundos, agentes, atores, empresários, planejadores financeiros, e assim por diante. Considere Benjamin Franklin, John F. Kennedy, Martin Luther King Jr., Bill Gates, Martha Stewart — esses são apenas alguns dos verdadeiros profissionais da vendas.

O AMADOR

Amador: Uma pessoa que se dedica a uma busca, um estudo, uma ciência ou um esporte como passatempo, e não como profissão, ou alguém que não tem experiência e competência em uma arte ou ciência.

Conheci milhares de vendedores nos últimos 25 anos, a maioria era amadores, que não sabiam nada sobre vendas. Para você, vender é apenas um passatempo, como assistir à televisão? Você não tem experiência e competência neste campo? Não tem certeza do que está fazendo durante uma negociação? Luta para conseguir o que quer na vida? Acredita que nunca poderia ser um vendedor? Menospreza essa coisa chamada venda? Detesta ser rejeitado e não aceita a ideia de vender para alguém? Se alguma dessas perguntas descreve como se sente em relação às vendas, então temos muito trabalho a fazer.

Posso mostrar como se tornar um profissional, mas primeiro você precisa ter em mente duas coisas: (1) Vender é fundamental para sua sobrevivência, independentemente de sua carreira e (2) você precisa decidir se tornar um profissional e abandonar qualquer ideia de que isso é algo apenas para os outros. Precisa decidir se quer começar a conseguir o que deseja. Pare de pensar que as coisas dependem do destino ou da providência divina. Elas dependem apenas de você. Mude seu pensamento para compreender que sua própria vida e todos os sonhos que já teve dependem exclusivamente da sua capacidade de vender. Se não está conseguindo o que quer, pare de dar desculpas. É hora de decidir aprender tudo o que há para saber sobre o único segredo do sucesso — as vendas.

A GRANDE ESCASSEZ

Por milhares de anos, os vendedores têm acumulado riquezas, e essas mesmas oportunidades ainda existem atualmente. Muitos deles nem sequer têm noção do que são capazes, mas isso se deve à visão míope das oportunidades disponíveis para vendedores excelentes e dedicados.

Enquanto todos decidem se há ou não escassez de água e petróleo neste planeta, posso garantir que há uma grande escassez de vendedores altamente comprometidos, dedicados e excelentes. Essa é uma boa notícia para quem escolhe se tornar um grande vendedor, pois o mundo o espera com sua fortuna. Embora existam milhões de pessoas que se autodenominam vendedores, há apenas um punhado que são realmente "os grandes". A diferença entre mediocridade e grandeza está no comprometimento com a profissão e no fato de deixar-se consumir pelo desejo de ser grande e pela dedicação em aprender o ofício. Apesar da crença popular de que há limites nas vendas, garanto que os únicos limites que enfrentará serão aqueles impostos por você mesmo.

A verdade é que é possível ganhar o quanto quiser. Não há um teto. Você pode decidir quais produtos vai vender, para quem os venderá e com quem deseja trabalhar. Os grandes vendedores, que se destacam dos demais, nem mesmo estão na mesma profissão que as massas. Eles pensam, agem e trabalham de forma diferente. Para eles, o trabalho é fácil, porque sabem como alcançar seus objetivos. Eles ganham muito mais, se comparados com seus colegas. Fazem a venda parecer fácil, e as outras pessoas têm certeza de que seu sucesso é resultado de algum "dom" inato. Isso não poderia estar mais longe da verdade! Nunca vi alguém que tivesse alcançado níveis estelares de sucesso por causa da sorte ou de algum tipo de talento dado por Deus. Eles são bem-sucedidos porque dominam a arte da negociação.

Quando há crise econômica, "os grandes" podem enfrentar pequenas quedas na produção, mas sempre sobrevivem, enquanto os amadores perdem seus empregos. Grandes vendedores não têm limites para seus ganhos e sabem que sua receita depende exclusivamente de sua capacidade de alcançar os clientes, tornar-se conhecidos, obter acordos, fechar vendas e reproduzir esses resultados continuamente.

Poucas pessoas dedicam seu tempo para aprender de fato este jogo e dominá-lo. Quando tinha 25 anos, assumi o compromisso de saber tudo o que havia para saber sobre o jogo das vendas. Estava farto de me obrigar a acordar entusiasmado todas as manhãs, *esperando* que grandes resultados caíssem do céu. O entusiasmo é ótimo, mas não substitui o *conhecimento*.

O amador sai para jogar golfe todos os sábados com o pessoal, mas não pode jogar com um mestre que realmente *conhece* o jogo.

A pessoa que sabe o que está fazendo e entende todas as nuances de sua carreira não precisa *ficar* entusiasmada. Ela *é* entusiasmada. Quando você realmente sabe algo, pode prever os resultados. Aquele que pode prever os resultados tem verdadeira confiança e liberdade.

QUESTÕES DO CAPÍTULO TRÊS

Qual é a diferença entre um profissional e um amador (em suas próprias palavras)? Depois de responder, verifique se deixou algo de fora, consultando o livro.

Escreva abaixo três qualidades que dizem ser escassa em um vendedor.

1.
2.
3.

Agora, escreva três qualidades que você observou que *realmente* são escassas nos vendedores.

1.
2.
3.

Segundo o autor, quais são as três diferenças entre mediocridade e grandeza? (Verifique os elementos que precisam ser fortalecidos.)

    1.

    2.

    3.

Quando a economia está em crise, qual é a diferença significativa entre o que acontece aos "grandes" e aos amadores?

CAPÍTULO QUATRO
OS GRANDES

COMPROMETIMENTO

E então, como se tornar um dos grandes, um dos mestres em sua área? O primeiro e mais importante passo é comprometer-se do início ao fim!

Comprometer-se: Dedicar-se completamente a algo.

A verdade absoluta é que, para ser grande em alguma coisa, é essencial dedicação total. Se você é um vendedor de carreira, deve dedicar a si mesmo, sua energia e seus recursos às vendas. Se esse não for o caso, esteja ciente de que ainda assim seu sucesso depende dessa habilidade, então sua única saída é aprendê-la. É preciso ter a certeza de que isso é o necessário para se conseguir o que deseja na vida, e que somente assim suas conquistas serão alcançadas.

Como uma pessoa se compromete?

O que eu faço é eliminar todas as outras opções e me dedicar a aprender tudo o que puder sobre o assunto. Fico fanático, totalmente absorvido, parecendo um doido! Paro de questionar e me concentro. Além disso, paro de olhar para as outras opções.

Comprometer-se é tão simples quanto escolher um lugar para estacionar. Basta encontrar um lugar, estacionar e sair do carro. Não há necessidade de ficar procurando outra vaga. É só comprometer-se e acabar logo com isso. Comprometimento é quando você toma uma decisão definitiva, para de ficar pensando sobre o assunto e se compromete, por meio de ações.

Depois de se comprometer com um parceiro, o mais sensato é parar de procurar outros por aí. Você assume o que tem e faz tudo o que pode para viver com ele. É possível encontrar alguém mais bonito, mais inteligente e mais feliz? Provavelmente, mas isso não é comprometimento. Comprometer-se significa dar tudo de si, parar de procurar, fazer da pessoa com quem se comprometeu a mais bonita, a mais inteligente e a mais feliz. Prefiro me comprometer totalmente com a coisa errada do que apenas pela metade com a coisa certa.

Comprometa-se e acabe logo com isso!

ONDE A GRAMA É MAIS VERDE

O cara que acha que "lá" a grama é mais verde é o mesmo cara que nunca se compromete a cuidar do seu próprio jardim. No fim, ele se torna medíocre e miserável. Por que ele estava olhando para outro jardim, em primeiro lugar? Ele já tem um que precisa de cuidados. Lembre-se, embora possa haver gramas mais verdes, elas são assim porque alguém se comprometeu com elas. Ervas daninhas crescem em todos os campos, e se você não se comprometer totalmente com a grama, vai negligenciá-la. Quando a negligencia, deixa de gostar dela, e então começa a espiar por cima da cerca do vizinho e pensar que o que ele tem é melhor. O lado dele só é melhor porque ele se comprometeu. Portanto, comprometa-se com sua carreira, em aprender sobre vendas, comprometa-se com seu produto, seu serviço e seus funcionários. Comprometa-se a aprender tudo o que puder e observe quanta grama verde sua carreira produzirá.

Sempre que me comprometo com qualquer linha de ação, obtenho resultados imediatos. Quando não estou totalmente comprometido, acho que os resultados são morosos ou inexistentes. Se estou 100% comprometido com meu cliente, obtenho resultados. Mas quando estou com um cliente pensando em outro, ou desejando ter um cliente melhor, não consigo fazer o melhor com o que tenho. Comprometa-se sempre até o fim.

Em meus seminários, geralmente uso um pequeno broche dourado na lapela da minha jaqueta que diz "100%". Um vendedor me perguntou se eu o usava para que meus clientes o vissem. Expliquei que, embora os clientes o vejam e fiquem intrigados com isso, não o uso para eles. Eu o uso para mim, para lembrar-me de que devo me comprometer até o fim. Não me visto para agradar a meus clientes. Visto-me para me sentir bem, para ser um bom profissional. Uso esse broche para lembrar-me de que estou 100% comprometido.

O comprometimento é pessoal, é o requisito indiscutível para se obter resultados e destacar-se das massas. Aos 25 anos, havia entrado e saído da área de vendas por mais ou menos 5 anos, e percebi que ainda estava procurando outra carreira. A falta de comprometimento não gera nenhum resultado. Ainda não tinha me comprometido com a venda e não estava orgulhoso de minha posição ou do trabalho que estava fazendo. Como poderia estar? Estava apenas na média, na melhor das hipóteses, e estava ali porque me faltava comprometimento. Porque não estava comprometido, não obtinha resultados. Porque não estava obtendo resultados, não gostava do meu trabalho — e tudo se tornou um círculo vicioso.

Enquanto não se orgulhar do trabalho que desempenha, você não terá sucesso, e seu grau de sucesso determina o quanto está orgulhoso de sua carreira. A carreira que você escolheu não é o problema — o seu comprometimento é!

Um belo dia decidi (após anos sendo medíocre) que a venda não era o problema — eu era. Naquele momento, dediquei-me a aprender tudo o que havia para saber sobre vendas. Meu objetivo era me manter à frente da concorrência e não ser mais comparado com ninguém. Decidi me tornar um profissional e ser diferente do "típico" vendedor médio e medíocre. Foi nesse momento que tudo mudou, de forma imediata e mágica. Na mesma hora percebi mudanças em minha energia, meu vestuário, minhas ações e meus hábitos, minha linguagem e meus resultados. Imediatamente, minha grama ficou mais verde e meu potencial explodiu. Foi quase espiritual! Não, foi *totalmente* espiritual. Foi drástico — e essa é a magia do comprometimento.

Se você quer ser bem-sucedido em qualquer área da vida, precisa se comprometer. Tem que se dedicar 100%, esquecendo tudo o que for menos importante. Uma mentalidade do tipo "incansável" é o que você precisa para chegar a um lugar no qual fará coisas que lhe garantirão bons resultados. Entre no jogo como se sua vida dependesse disso, porque é isso mesmo o que acontece. A vida com a qual sonha depende de você começar agora mesmo a se comprometer. É assim que encaro qualquer coisa quando quero resultados. Foi assim que encarei a carreira de vendedor, e, a partir daí, minha vida mudou.

Nunca esquecerei a primeira vez que experimentei a magia e o poder do comprometimento. Em um verão, estava trabalhando em um barco de transporte em alto-mar que atendia a plataformas de petróleo. Estávamos na costa da Louisiana e costumávamos ficar sentados esperando o chamado das plataformas. Quando estávamos de folga, passávamos o tempo pescando. Em um dia de sorte, capturamos centenas de pargos-vermelhos. Enquanto os armazenávamos no pouco gelo que tínhamos a bordo, eu ouvia os outros membros da tripulação planejando levar sua parte para casa e comê-la.

Por alguma razão maluca, ofereci-me para comprar a parte de todos, pensando em vendê-la. Na época, nunca tinha vendido nada e nem sabia como vender peixes. Não sabia nem para quem os vender. Tudo que sabia era que meu instinto estava me dizendo que alguém quereria comprar aqueles lindos pargos-vermelhos frescos.

Com centenas de pargos empilhados na traseira da minha caminhonete, percebi que precisava criar um mercado, encontrar alguns clientes e descobrir como convencê-los a comprar meu peixe. Tinha que pensar rápido, porque o gelo estava derretendo, e eu perderia meu salário e meu estoque se não despachasse o produto imediatamente. Enquanto pensava onde poderia encontrar clientes, lembrei-me de que vendedores de Bíblias costumavam bater à porta das casas e como eram comprometidos. Estava ficando tarde e decidi que, se a abordagem de porta em porta era boa o suficiente para eles, era boa o suficiente para mim. Como o gelo continuava a derreter, atravessei bairro após bairro, anunciando que tinha peixe fresco. Batendo nas portas, expliquei rapidamente que aqueles peixes haviam sido pescados no Golfo naquela mesma manhã, e eram os melhores peixes que o dinheiro deles poderia comprar. Depois de cobrir as casas da região, fui às empresas, onde encontrei mais clientes e vendi o resto do peixe. Acabei com meu estoque antes que o último pedaço de gelo derretesse. Naquele dia, entendi o valor do comprometimento. Comprometi-me como um fanático, do tipo "fazer ou fazer"!

Comprometimento = Resultados = Felicidade

Ganhei mais dinheiro vendendo peixe em poucas horas do que trabalhando duro por *duas semanas inteiras*, e tudo aconteceu depois que me comprometi a vender aqueles peixes. Coloquei-me em uma posição na qual não tinha escolha. Tinha que vendê-los, ou os perderia. Era uma situação de vida ou morte. Depois dessa experiência, fiquei "viciado" em vender, mas demorei outros sete anos para me tornar um profissional.

A primeira coisa que você precisa fazer é se comprometer com as vendas como se fosse algo vital, independentemente de sua carreira (mas especialmente se você for um vendedor profissional). Comprometa-se agora mesmo e veja o que acontece. O comprometimento é como mágica, e nada de grande acontecerá até que ele seja assumido! A maioria das pessoas não encara seus projetos pensando "eu tenho que fazer isso agora", e não conseguem evoluir. Nunca se comprometem com unhas e dentes e, portanto, nunca se tornam *fantásticas*.

O PODER DA PREVISÃO

No momento em que fiz a transição de amador para profissional (seguindo minha decisão de me comprometer e me dedicar à minha carreira), comecei a estudar tudo o que se relacionava às vendas. Mantinha notas sobre todas as conversas que tinha com meus clientes, gravava essas experiências em áudio e vídeo e, mais tarde, estudava o material como uma equipe de futebol analisa as videotapes dos jogos. Naquela época eu ainda não sabia, mas foi assim que ganhei a habilidade de prever.

Prever é saber o que vai acontecer a seguir. Tropecei nessa habilidade e me descobri sendo capaz de prever com precisão os resultados das situações *antes que elas acontecessem*. Sabia exatamente o que tinha que fazer todos os dias para obter um determinado rendimento. Aprendi a prever exatamente quantas pessoas eu teria que encontrar para vender uma determinada quantia. Então descobri que tinha cada vez mais certeza do que dizer e como o cliente em potencial reagiria ao que eu dissesse. Consegui prever objeções e lidar com elas *antes mesmo de aparecerem*. Era como se as coisas acontecessem em câmera lenta e eu soubesse o que cada jogador em campo estava fazendo e faria a seguir. A capacidade de prever é a primeira coisa que acontece quando você se torna um profissional, e, quando alcancei esse nível de habilidade, sabia que estava a caminho de um grande sucesso.

A previsão é o grande e desconhecido — e muitas vezes não reconhecido — trunfo do profissional. Nunca ouvi alguém falar sobre isso, mas sei que existe. Grandes atletas falam sobre esse fenômeno, no qual são capazes de *saber* com antecedência o que vai acontecer. Wayne Gretzky e Michael Jordan eram capazes de prever para onde a jogada iria e como ela terminaria.

Anos atrás, estava vendendo um produto para multimilionários e logo descobri que tinha muito pouco tempo para apresentá-lo, pois tempo era uma grande preocupação para eles. Na verdade, valia até mais do que dinheiro. Para um cliente em potencial, eu sabia exatamente qual seria sua objeção ao conversarmos ao telefone: "Você tem sessenta segundos, filho." Tendo previsto corretamente, lidei com ele sem ter que pensar sobre o que dizer ou fazer. Por ter estudado clientes como ele e formulado e preparado as devidas soluções, pude controlar nossa conversa e a obtenção dos resultados. Esse cliente, que no início era uma pessoa difícil, tornou-se um dos meus melhores clientes e depois lançou minha carreira de treinador de vendas.

Como alguém aprende a prever? Basta olhar para tudo o que está acontecendo, observar atentamente, sem emoção ou culpa, e tomar nota disso. A capacidade de prever vem de assumir a responsabilidade pelo que está acontecendo ao seu redor e acreditar que é possível controlar isso. É preciso estar totalmente atento e registrar os encontros. Assim, você começará a perceber um conjunto finito de padrões.

Quando comecei a gravar minhas ligações e a tomar notas sobre todas as conversas que tive com os clientes, imediatamente acionei minha capacidade de perceber padrões e comecei a ser capaz de prever. Foi muito fácil e rápido. Carregava comigo um caderno de "objeções" e anotava todas as objeções de clientes. Mais tarde, estudava minhas anotações e comecei a perceber que a maioria deles fazia comentários semelhantes. Minha percepção aumentou e fui capaz de encontrar soluções. Foi incrível a rapidez com que enxerguei o que estava acontecendo. Um cliente me dizia alguma coisa, e eu anotava. O próximo dizia a mesma coisa, e eu anotava isso também. Quando comecei a observar e assumir a responsabilidade pelo que estava acontecendo comigo, fui capaz de prever o que meu cliente em potencial diria. Mais do que isso, estava preparado para lidar com ele. Eu tinha o controle porque sabia. Saber é fundamental para o sucesso, pois conhecimento é igual a poder. *Saber* significa encontrar menos resistência. Menos resistência significa uma vida melhor!

Minha produção quase dobrou com a simples ação de observar. Minha confiança aumentou na medida do meu conhecimento, assim como minha renda. Com a previsão! Eu podia prever o futuro, não porque era um vidente, mas porque observava o passado. Na época eu não tinha percebido, mas percebo agora que a capacidade de prever foi um dos primeiros benefícios que recebi por me comprometer do início ao fim. Tornei-me responsável, consciente, alerta e orientado para a solução, e consigo prever! Enquanto não se tornar um aluno dedicado, você não será capaz de prever. Todos os mestres (em qualquer carreira) são capazes de prever com precisão.

Depois de obter alguma noção das possíveis situações que podem ocorrer, comece a tomar notas e a registrar tudo o que puder. Grave-se em vídeo para assistir depois. Comecei a observar o que eu dizia, minhas expressões faciais, minhas respostas, meu tom, minha voz, meus gestos, e percebi que tinha muito a melhorar. Fiquei viciado em aprender tudo o que podia! Prever é saber, e saber é lidar com as situações de forma correta. Isso aumentará sua confiança e suas vendas. Vender com sucesso é desfrutar do seu trabalho, o que significa que mais vendas surgirão. Vencedores atraem vitórias.

A ÚNICA RAZÃO QUE O FAZ NÃO GOSTAR DE VENDER (COMO PROFISSIONAL OU NA VIDA)

Quer conhecer a única e verdadeira razão pela qual as pessoas não gostam ou não gostariam de vender? Existe apenas uma razão real — e não é aquela que lhe contaram. Não é porque não gostam de ser rejeitadas. Afinal, quem gosta? Não é porque são preguiçosas. Todo mundo é preguiçoso quando falha, e a maioria das pessoas está tentando evitar o fracasso. Não é porque não gostam de pessoas. Todos nós gostamos de pessoas quando temos sucesso com elas.

A única razão pela qual alguém não gosta do que está fazendo é porque não sabe o que está fazendo! Não está tendo retorno, e isso é porque há algo que ele não sabe. O médico que não pode salvar vidas não vai gostar de ser médico. O professor que não consegue fazer seus alunos aprenderem, mais cedo ou mais tarde, ficará desencantado com o ensino. Um vendedor que não consegue fechar um negócio não gosta de vender. É aí que reside a única razão pela qual alguém poderia não gostar de ser vendedor. Quando não entendemos algo, não estamos no controle, e quando não estamos no controle, não podemos gostar do que fazemos!

Conheci um cara chamado Scott Morgan em 1995, com quem considerava fechar uma nova parceria de negócios. Estava fazendo uma apresentação em Vancouver e sugeri que ele viesse no fim de semana para conversarmos sobre nosso novo acordo e esquiarmos um pouco. Scott nunca tinha esquiado antes, então sugeri que fizesse um curso para iniciantes. Ele estufou o peito de forma arrogante e decidiu que uma classe de iniciantes estava aquém de suas habilidades. Na manhã seguinte, nós dois estávamos no topo do Monte Whistler, uma das montanhas mais íngremes da América do Norte. Scott olhou para baixo e depois para mim, e ambos sabíamos que ele estava em apuros. Ele não sabia nada sobre esquiar, muito menos como deveria descer a montanha. Embora admirasse sua coragem, notei que ele não entendia o valor de um bom treinamento. Scott levou o dia todo para descer a montanha e, até onde sei, nunca mais calçou um par de esquis.

Quando ele finalmente chegou ao fim, sugeri que abríssemos uma empresa de treinamento para que os vendedores nunca tivessem que experimentar em suas carreiras o que ele experimentou naquela montanha. Scott e eu somos parceiros de negócios há muitos anos. Ele é uma das pessoas mais persistentes que conheço e se comprometeu em tempo integral a ajudar os outros, treinando-os para que possam levar suas carreiras ao topo das montanhas.

QUALIFIQUE-SE COMO UM DOS GRANDES!

Todos os grandes são capazes de prever o resultado de qualquer situação, e os grandes vendedores são capazes de determinar e prever sua própria renda. Se não for capaz de aumentar sua receita de forma eficaz e consistente como vendedor, você não é um profissional e há algo que não sabe e não pode prever. Sabemos que é muito importante ser capaz de prever as objeções e hesitações de seus clientes potenciais. Caso contrário, você não é um profissional de verdade, e isso resultará em vendas perdidas.

Independentemente de quanto tempo tenha de experiência, se estiver perdendo mais do que ganhando, precisa perceber que é um amador e é hora de aumentar o seu comprometimento, tornando-se alguém que *sabe* o que está fazendo! Você diz: "Cara, você está sendo duro comigo! Estou só passando por um período de vacas magras." Errado! Você está dando desculpas. A verdade é que seu período de vacas magras se deve à sua falta de compreensão da profissão. Você tem agido como amador, e isso está se refletindo em seus resultados. Qualquer um pode vender um produto quando todos o estão comprando, mas quando há concorrência e a economia aperta, os amadores começam a chorar e os profissionais continuam a prosperar. A grande diferença é que o profissional está comprometido e sabe o que está fazendo, ao contrário do amador.

Um boxeador é considerado um profissional se receber por isso. Mas se ele perder todas as lutas, as pessoas não continuarão a pagar para vê-lo lutar, e ele voltará ao status de amador. Será nocauteado e voltará à sua verdadeira posição. A maioria dos empresários está sendo derrubada pela economia devido à sua posição — sua falta de comprometimento e de habilidade em vendas.

Na minha opinião, não é necessário ser capaz de prever o que precisa fazer para aumentar sua receita. Você é um profissional quando pode prever resultados e obtê-los. Se conhece o seu jogo, não precisa depender da sorte — em vez disso, você pode alcançar sucesso de forma consistente e competir com outros que estão no topo. O pagamento é a recompensa dada àqueles que chegam lá.

Existem muitas mães profissionais que não são pagas para criar seus filhos. Por outro lado, só porque uma mulher é mãe, não significa que ela é uma mãe profissional. Existem mães por aí que não seriam contratadas para tomar conta nem de seus próprios filhos.

Só porque você cozinha, não significa que é um chef Le Cordon Bleu, mas pode ser um profissional, embora não seja pago para isso. Minha irmã é cozinheira profissional, não porque ganha a vida fazendo isso, mas porque *sabe* o que está fazendo, *conhece* a cozinha e os eletrodomésticos, *sabe* planejar cada prato e *conhece* as receitas. Não se trata apenas do preparo da refeição e do fato de a comida ter um gosto bom. Diabos, eu até posso reproduzir suas receitas, mas a bagunça que faço em comparação com a dela, o tempo que levo e meu esforço não chegam nem perto. Sou um cozinheiro amador, e ela é uma profissional. Ela tem a capacidade de prever tudo o que acontece durante o preparo de uma refeição, eu não. Essa capacidade vem do comprometimento em estar ciente e observar a cena como um todo.

Assim como existem muitos cozinheiros e mães, também existem muitos supostos vendedores. Mas o fato de alguém estar envolvido no negócio de vendas não faz dessa pessoa um profissional.

Se você é um jogador de golfe profissional, significa que se classificou ao jogar em torneios e se qualificou com base em suas habilidades de produzir resultados. E apenas por ser um profissional não quer dizer que seja um dos grandes.

Para se tornar um deles, é preciso praticar, não apenas brincar. Para se tornar um grande jogador de golfe, por exemplo, você precisa comprometer cada fibra do seu ser com o jogo e ainda saber que há mais para aprender. Consegue ver a diferença?

A maioria dos vendedores é composta de amadores. Alguns são profissionais e poucos são grandes. Em última análise, tudo se resume ao nível de comprometimento e dedicação. Os grandes podem prever, habilidade que deriva do comprometimento, da observação e da criação de soluções. Quando se pode prever, pode-se responder de forma adequada. A previsão é a grande qualidade dos grandes vendedores.

Quanto mais você for capaz de prever com precisão, mais estará preparado para lidar com as situações. É como dirigir: Se você já sabe o que os outros motoristas vão fazer, pode evitar acidentes. Não se trata apenas de dirigir seu próprio carro. Você tem que ser capaz de prever o que outros motoristas farão. Usar a ferramenta de observação o ajudará a aprender como fazer isso.

Lembra-se de quando não sabia nada sobre seu trabalho, mas ainda assim o fazia? Não era consistente, sua receita variava, mas ainda assim você conseguia se virar. Fechava uma venda, mas não sabia direito por quê. Perdia uma venda e ficava intrigado por dias. Consegue se lembrar de alguma vez em que tenha usado pura persuasão, até mesmo suplicado ou implorado, fazendo o comprador sentir pena e acabar comprando de você? Deixe isso para o amador e os profissionais mal pagos e comece a observar agora para aprender como prever!

A observação é a única maneira de se compreender a estratégia do processo de vendas, e é a única maneira de desenvolver suas habilidades de previsão e se tornar um dos grandes.

Lembre-se, não importa qual seja o seu trabalho ou função, você precisa da capacidade de prever. Ou consegue o que quer na vida, ou não consegue. Mesmo que não seja um vendedor propriamente dito, comece a observar onde estão suas falhas e tome notas.

Aqueles que entendem de vendas conquistarão o que desejam, ao contrário dos que não entendem! Você está pronto para se tornar um dos grandes? Está preparado para pagar o preço e fazer o que tiver que ser feito? Se estiver, garanto que isso mudará sua vida de maneira drástica, rápida e para sempre!

QUESTÕES DO CAPÍTULO QUATRO

Defina "comprometimento" (de acordo com a definição usada pelo autor, pesquisando cada palavra).

Escreva um exemplo de algo com o qual você não se comprometeu totalmente e o resultado disso.

Escreva um exemplo de algo com o qual você se comprometeu totalmente e o resultado disso.

O que é a habilidade de prever? Como a obtemos?

Qual é a única razão pela qual alguém poderia não gostar de ser um vendedor?

CAPÍTULO CINCO

A VENDA MAIS IMPORTANTE

VENDER A SI MESMO

Você pode vender apenas na medida em que se vende. Esse é um fato decisivo e inevitável, que não pode ser esquecido por quem deseja se tornar excelente no que faz. Também é uma das ferramentas mais importantes do vendedor, podendo ser usada para monitorar sua carreira. No fim das contas, se não estiver vendendo de alguma forma, *você não está se vendendo*. Se as vendas estiverem devagar, não está se vendendo. Se não estiver conseguindo o que deseja, não está se vendendo. Se tiver qualquer desculpa, não está se vendendo completamente.

Para se tornar um grande vendedor, é preciso vender a si mesmo naquilo que está vendendo. Faça dessa a venda mais importante da sua vida e continue a fazê-la indefinidamente. É preciso vender-se completamente!

Sei de vendedores que conhecem o jogo, mas não se vendem completa e absolutamente em seu produto, serviço ou empresa. Por causa de sua falta de convicção, não são produtores consistentes. É preciso estar absolutamente convencido de que seu produto, sua empresa, seus serviços ou suas ideias são superiores a todos os outros. Muitos vendedores acreditam que seus produtos são superiores e, embora muitos tendam a oferecer benefícios semelhantes aos seus, você precisa saber que seu produto, serviço ou ideia é superior de alguma forma. É necessário estar 100% certo de que o que está vendendo é melhor do que todas as outras opções. O impostor não consegue resultados consistentes porque não se vende totalmente em seu produto.

Esse ponto é fundamental para se tornar um dos grandes, e não pode ser negociado de forma alguma. Você tem que estar totalmente convencido e acreditar plenamente no que está vendendo, de forma a se tornar irracional. Exatamente: Irracional, até mesmo fanático! Você precisa estar tão convencido que nem mesmo considerará qualquer lógica sugerindo o contrário. Não estou lhe dizendo para ser arrogante sobre a superioridade do seu produto, mas que deve se vender totalmente nele. É proibido pensar na hipótese de que qualquer outra pessoa poderia competir com você. Isso não quer dizer que os outros não tentarão, mas você tem que estar tão convencido que não vai permitir que os outros considerem qualquer outra opção.

Ao longo da maior parte da minha carreira de vendedor, meus produtos eram mais caros do que os de meus concorrentes diretos. Também ganhei mais dinheiro do que eles com produtos semelhantes, porque acredito plenamente no meu serviço, no meu nível de atendimento e na superioridade dos meus produtos. Se isso era verdade para os outros ou não, era menos importante para mim do que minha convicção. Embora eu tenha vendido produtos com preços mais altos do que os dos meus concorrentes, nunca pedi a um comprador que pagasse um preço que eu não acreditasse que valia, e, para mim, essa é a única maneira de alcançar preços mais altos.

Já fui acusado de pedir preços astronômicos em alguns dos produtos que vendi. Os críticos pensavam que eu estava pedindo um valor alto na esperança de obter mais do que o produto valia — a ideia de "se você não pedir, não vai conseguir". Mas a verdade é que nunca pedi um preço alto só para ter uma margem maior de lucro. Estipulo o preço porque estou tão convencido do valor do produto que eu mesmo o pagaria para tê-lo!

A CONVICÇÃO É O PONTO DECISIVO

Certa vez, coloquei uma casa minha à venda, e a melhor corretora de imóveis da cidade disse-me que ela talvez valesse US$6 milhões. Disse-lhe para colocá-la no mercado por US$8,9 milhões, porque sua localização era excelente e eu acreditava que era um valor justo. Estava 100% convencido de que a casa valia aquele preço, porque poderia realmente pagá-lo eu mesmo. Vendi a casa dois meses depois por quase o valor pedido, e todos na vizinhança ficaram satisfeitos. A nova proprietária vendeu a mesma propriedade um ano e meio depois por US$10 milhões. As pessoas concordaram comigo só depois que me convenci de seu valor.

A convicção que você tem em relação ao seu produto é mais importante do que a convicção que as outras pessoas têm sobre seus fatos e números.

A palavra "convicção" é definida como uma "crença firmemente sustentada". Vem da palavra "convencer", derivada da palavra em latim *convictio*, que significa "conquistar".

Convicção é a capacidade de estar tão veementemente vendido em suas crenças que você demonstra ao seu comprador, com completa e absoluta certeza, que nenhuma outra escolha parece estar disponível.

Uma venda é feita quando sua convicção e crença sobre algo são mais fortes do que as de outra pessoa, e nesse ponto elas desistem de parte de sua convicção. Aí é quando a venda se torna possível. Neste momento, não estou falando sobre um produto ou serviço. Estou falando sobre a convicção do próprio indivíduo. A verdadeira questão é quem está mais interessado no que acredita ser verdade. Quem é o mais verossímil e o mais convincente? Esse será sempre o mais vendido!

Um ranger altamente treinado do Exército dos EUA está tão profundamente vendido à sua missão e tão convicto da causa que é capaz de fazer coisas que pareceriam sobre-humanas para outras pessoas. Ele está convencido da necessidade de chegar a dado nível e assim o faz. Por quê? Porque se vende em sua missão. Ele não pensa, mas age. Não há o que cogitar, porque ele já se decidiu. Acredita plenamente, e por causa disso é capaz de alcançar o impossível.

Alexander Graham Bell foi considerado um lunático quando falou sobre inventar um dispositivo que transmitiria a voz humana a longas distâncias por meio de fios. Disseram-lhe que sua invenção, chamada de telefone, era impossível de ser realizada. Mas isso é o interessante sobre o impossível. Algo só é impossível até que alguém o torne possível! Veja a fotografia, o avião, a viagem espacial, o e-mail, a internet e assim por diante. Todas essas coisas já foram consideradas impossíveis — até que alguém se convenceu de que eram possíveis.

Por que algumas pessoas fazem coisas que outras nem sonhariam em fazer? Porque elas se vendem na ideia de que aquilo precisa ser feito por algum motivo. Na medida em que se vendem na ideia e se tornam irracionais em sua busca, terão sucesso.

Embora, infelizmente, nossa sociedade pregue que devemos ser racionais e sensatos, essas características não lhe serão úteis nas vendas nem na vida. Se você realmente quer que algo grande aconteça, precisa ser irracional, mesmo que isso signifique se convencer além da razão de que o que você tem é melhor. Não estamos falando de um passatempo trivial como andar de bicicleta! Qualquer um pode aprender a andar de bicicleta. Estamos falando sobre se tornar um dos grandes em sua área, e, para que isso aconteça, você deve se vender completa e irracionalmente em si mesmo, em seu produto, em sua empresa e em suas ideias.

Você pode estar se perguntando: "Para chegar a este ponto e ser irracional, quer dizer que preciso ser louco para ter sucesso?" A resposta é não. Você precisa tomar a decisão de ser irracional. Se uma pessoa age como louca, isso não significa que ela seja. Significa apenas que decidiu agir como louca.

Se você for irracional em suas crenças e vendas a ponto de não ver outras opções úteis para o cliente, isso não significa que algo está errado. Significa que você é irracional em suas convicções.

Ser irracional significa se vender no que está vendendo, e é apenas a sua convicção que venderá isso aos outros.

É preciso estar completamente ENVOLVIDO se quiser ampliar totalmente as oportunidades à sua disposição. Nem tente vender para outra pessoa até que você mesmo se venda completamente. Caso contrário, terá dificuldade em fazê-lo. Sempre que tiver problemas em conseguir o que deseja, a resposta pode ser encontrada no seu próprio grau de convicção naquilo que está vendendo.

Talvez você tenha permitido que sua certeza vacilasse, ou talvez algo tenha entrado em sua cabeça, o que o fez duvidar um pouquinho de si mesmo ou de seu produto. Seja o que for, descubra o que houve e descarte-o com o lixo do dia.

Se nem você compraria seu produto ou se tiver qualquer dúvida sobre como ele beneficiaria outras pessoas, certamente não conseguirá vendê-lo. É preciso acreditar nele. Você deve se livrar de todas as dúvidas e acreditar que possui a coisa certa, o produto certo, e que isso vai beneficiar a pessoa para quem você vende. É fundamental fazer todo o possível para se convencer de que seu produto deve ser comprado e que deve ser comprado de você, pelo preço que estipulou.

Por que alguém deveria se endividar para comprar seu produto? Por que deveria escolher o seu produto e não o de outra pessoa? Por que deveria fazer isso agora e não mais tarde? Por que deveria pagar mais caro pelo seu produto, em vez de pagar mais barato por um semelhante? Por que alguém deveria comprar de você e não do cara da loja ao lado? Por que deveria escolher sua empresa em vez de outra? Se não puder responder a essas perguntas instantaneamente, você terá dificuldades, porque não está convencido. Se estivesse, teria respostas imediatas para cada uma delas.

Esteja tão vendido em seu produto que sua convicção seja irresistível para os outros. Não estou sugerindo que minta para si mesmo. Conheci pessoalmente milhares de vendedores de alto desempenho ao longo dos anos, e nunca encontrei um ótimo vendedor que tenha chegado ao topo enganando os outros. O que estou sugerindo é que você reserve um tempo para vender a si mesmo antes de tentar vender a alguém a ideia de que seu produto é superior aos demais.

SUPERANDO O FENÔMENO DOS NOVENTA DIAS

Muitos vendedores disseram-me que começaram a vender um produto e se saíram bem por noventa dias, mas, de repente, se viram incapazes de fechar um negócio. O que aconteceu? A gerência dirá que se tornaram preguiçosos ou confiantes demais. Certo, então eles ficaram preguiçosos. Mas por quê? Não pareciam preguiçosos nos primeiros trinta dias e não poderiam ter se tornado confiantes demais, porque noventa dias em qualquer trabalho não é tempo suficiente para dar confiança a alguém.

Na minha opinião, o que causa esse fenômeno dos noventa dias é que, ou o indivíduo estava sendo instruído a fazer algo que não estava de acordo com seus padrões pessoais de ética, ou ele agora está tentando vender algo em que não acredita mais totalmente. Talvez ele não acredite mais no produto. Talvez tenha divergências com a gerência ou sobre algo que lhe tenha sido prometido. Está evitando fazer algo que fez nos primeiros noventa dias. Alguma coisa mudou!

Talvez ele tenha obtido alguma informação sobre o produto não ajudar as pessoas ou não cumprir o que promete. Talvez não tenha fechado um negócio e tenha começado a se perguntar por quê, então depreendeu um motivo equivocado e continua a usar esse raciocínio incorreto. Isso acontece muito. Os vendedores criam respostas erradas e continuam a usá-las ao tentar resolver problemas futuros.

O que quer que tenha acontecido, o milagre dos noventa dias basicamente não o deixa vender mais. Na verdade, ele está vendido — mas a uma coisa diferente. De fato, ele agora está vendido à ilusão de que é uma má ideia vender o produto, e então começa a não o vender! Não vender também é uma forma de vender, só que ao contrário. Algo o afetou a ponto de ficar motivado a não vender, em vez de motivado a vender. Você entendeu? Algo se apagou em seu pensamento, e ele não está mais convicto.

Quando a produção de um vendedor cai, essa é a primeira coisa que deve ser recuperada. Esse indivíduo deve ser revitalizado e acreditar novamente no produto, na empresa e nos serviços. Analise novamente todas as maneiras pelas quais o produto é superior e como ele beneficiará outras pessoas. Descubra se há algo que contrarie essa intenção, um desacordo ou uma informação falsa sobre o produto, serviço ou empresa, que esteja em conflito com as crenças do vendedor. Depois de lidar com isso, pergunte a ele como se sentia sobre o produto ou serviço quando o estava vendendo bem e você logo o encontrará motivado e fechando negócios novamente.

É incrível como muitos vendedores me contam histórias sobre o concorrente que vende mais barato e praticamente dá produtos de graça, ou como o próprio produto que vendem pode ser comprado na internet por menos. Recentemente, li um livro chamado *Secrets of Successful Selling* [Os Segredos da Venda Bem-Sucedida, em tradução livre], que falava sobre como a concorrência atingiu níveis nunca antes vistos e como a conscientização do cliente atingiu um ponto que exige que os vendedores operem em níveis nunca antes considerados. O livro foi escrito em 1952, o que mostra que sempre houve e sempre haverá concorrência. O problema não é o conhecimento do produto, a concorrência ou clientes mais espertos. A verdadeira questão é se você acredita totalmente ou não no seu produto.

Torne-se tão vendido a ele, tão convencido, tão comprometido com sua empresa, produto e serviço a ponto de acreditar que seria péssimo para o comprador fazer negócios em qualquer outro lugar, com qualquer outro produto.

Você está tão vendido a seu produto que acha que é prejudicial e antiético não convencer alguém a comprá-lo de você? Use essa convicção e observe sua produção enlouquecer! Quando um cliente não compra seu produto, você se sente mal por ele e perde o sono com a sensação de que o prejudicou por não ter sido capaz de vender a ele? Se estivesse realmente convicto, se sentiria assim. Isso é estar vendido ao produto! A pessoa que está totalmente vendida não permite que as pessoas não comprem dela! Chegue a esse nível de venda e garanto que as pessoas comprarão de você.

Você pode se perguntar: "Mas e se eu não estiver convencido de que tenho o melhor produto ou o melhor serviço?" Então convença-se agora mesmo! Faça o que for preciso para acreditar que está oferecendo o melhor produto e o melhor serviço. Encontre os pontos a favor e venda-se completamente a eles.

Tomemos como exemplo um homem casado infeliz, que deseja ter um relacionamento melhor. Talvez ele não tenha prestado atenção em sua esposa e tenha perdido parte de seu comprometimento e paixão ao longo dos anos. O que aconteceu? Ele basicamente não está mais vendido. Um dia, esteve completamente vendido à sua esposa, tanto que sugeriu que passassem o resto de suas vidas juntos. Em algum lugar no tempo, ele parou de se vender ao casamento.

Se você quer que seu casamento funcione bem, convença-se de que tem o melhor cônjuge de todos. No que seu cônjuge é o melhor? O que o diferencia? O que torna essa pessoa única, diferente de qualquer outro ser humano neste planeta? Ao que você está vendido? Ela queima o jantar, tem uma péssima aparência pela manhã e tem pés grandes e feios! Deixando de lado os pontos negativos, lembre-se do que o vendeu a ela em primeiro lugar. Venda-se a ela novamente. Encontre os pontos positivos e ignore as imperfeições. Volte a ser vendido e a fazer as coisas que fazia no início, e observe a mudança. Você ficará surpreso ao ver o que acontece. De repente, ela não está mais queimando as refeições, parece linda de manhã, foi a uma pedicure e comprou um belo par de sapatos.

VENDA-SE OU SEJA VENDIDO

Você deve mentir para si mesmo? Claro que não. Mas é preciso vender-se de qualquer maneira! Em vez de mentir para si mesmo, uma alternativa melhor é fazer o que um campeão faz: Ele decide vencer o jogo com o que tem à disposição. Não muda de equipe. Aproveita ao máximo os recursos e as forças disponíveis. Joga com as cartas que tem e tira o máximo proveito de tudo isso. Não mente para si mesmo. Ele se convence de que a única solução é vencer e se compromete com um único resultado — o sucesso!

Concentre-se em vencer qualquer jogo que esteja jogando na vida. Venda-se naquilo que precisa fazer hoje para tornar ótimo o momento presente, melhorar seus relacionamentos, sua vizinhança, sua vida e fechar a venda. Encontre todos os pontos a favor e venda-os.

Davi venceu Golias não por que tivesse alguma chance real, mas por que se vendeu à ideia de que precisava fazer isso. Ele mentiu para si mesmo? De jeito nenhum. Ele se convenceu de que sua sobrevivência dependia de derrubar o gigante. É isso que precisa ser feito. Venda-se e se comprometa com o fato de que está oferecendo um produto superior ou um ótimo serviço, que não pode ser derrotado. Você tem que tornar isso tão verdadeiro para si mesmo a ponto de dizê-lo aos outros com tal convicção que ninguém pensaria em desafiá-lo.

AJA DE ACORDO COM SUAS PALAVRAS

Uma vez, um corretor de imóveis estava tentando me convencer de que um determinado investimento era um ótimo negócio e uma ótima oportunidade. Ele falava sem parar sobre o fabuloso investimento que aquela propriedade era. Mas eu não estava convencido, porque ele não o *disse* de forma convincente. Ele não tinha a credibilidade de alguém que está completa e totalmente vendido a seu produto. Como qualquer cliente que não está vendido, comecei a questioná-lo. Não era o negócio que me deixava inseguro, mas sim o vendedor que o estava lançando. Algo simplesmente não combinava com a maneira como ele se vestia, como apresentava seu argumento de venda e o jeito apressado e eloquente com o qual se expressava. Ele parecia um "vendedor", não alguém que estivesse completa e seguramente confiante sobre seu produto.

Por fim, perguntei: "Já que você continua me dizendo como este é um grande investimento, quantos deles você comprou para si mesmo?"

Com uma expressão de espanto no rosto, ele respondeu calmamente: "Nenhum."

Você pode estar pensando que minha pergunta foi injusta, porque talvez ele não pudesse pagar pelo produto. Oras, se é uma coisa garantida, por que não juntar todo o dinheiro que você, seus filhos, seus pais e seus amigos têm e comprá-lo? Se for mesmo uma *coisa garantida*, não estará colocando ninguém em risco. Se seu produto é um ótimo negócio, não faria sentido você mesmo estar disposto a comprá-lo?

Ao possuir o produto que está vendendo, você está demonstrando sua certeza para os outros por meio de suas ações, e as ações falam mais alto do que as palavras. Essa é a diferença entre um "vendedor" e alguém totalmente vendido. Não consigo acreditar em quantas pessoas vendem produtos que não comprariam para si mesmos! Todos os produtos que já vendi, comprei primeiro para mim e tive orgulho de dizer às pessoas que os possuía.

Obviamente, você não pode comprar todos os produtos que vende, mas deve estar *disposto* a comprá-los.

Você tem que estar vendido de modo que use seu produto, que o consuma e o venda para seus entes queridos. Caso contrário, você é apenas um mercenário vendendo qualquer coisa pelo preço mais alto.

GELO PARA ESQUIMÓ?

Eu me considero um grande vendedor, mas isso não significa que sou capaz de vender qualquer produto. Se discordar de algum produto ou ideia, você não será capaz de vendê-lo.

Por exemplo, eu não conseguiria vender gelo para esquimó, como diz o ditado. Por quê? Porque seria antiético fazê-lo, já que simplesmente não vejo necessidade. Não poderia e não gostaria de vender drogas psiquiátricas de qualquer tipo, não importa quanto dinheiro alguém me pagasse. Nunca consegui me convencer de que drogar pessoas pode resolver seus problemas ou tornar suas vidas melhores. Sou capaz de vender apenas aquilo ao qual estou totalmente vendido.

Um vendedor de finanças e seguros de uma concessionária de automóveis estava tendo dificuldade para vender seus produtos e veio me pedir conselhos sobre como melhorar suas vendas. Comecei perguntando quando ele havia comprado um carro novo pela última vez. Ele disse que tinha comprado um recentemente e me disse o quanto estava satisfeito. Porque estava vendido àquele carro o suficiente para comprá-lo, sua convicção pelo produto era total quando falou sobre ele. Falava com o coração. Perguntei-lhe quais dos produtos financeiros e de seguro ele comprou com seu carro novo (seguro de vida, contra acidentes, seguro-saúde e garantia). Com uma risada, ele admitiu que não tinha comprado nenhum desses produtos porque não queria gastar dinheiro extra com eles. A verdade é que ele não os comprou porque não estava vendido aos mesmos produtos que vendia. Por não estar vendido, não era capaz de fazer com que os outros os comprassem. Você pode pensar: "Não, ele estava apenas economizando dinheiro!" Oras, se você estiver totalmente vendido, não vai se preocupar com o dinheiro. Vai comprar o produto! Não há exceção a essa regra!

Se estiver tendo um problema semelhante, é fácil resolvê-lo, sem precisar aprender qualquer coisa sobre vendas. Tudo o que você precisa fazer é comprar os produtos que vende e, em seguida, observar suas vendas aumentarem. As pessoas estão inclinadas a fazer o que as outras já fizeram. Elas frequentarão seu quiroprático, consultarão seu médico, contratarão sua empregada ou assistirão ao filme que você recomendou — tudo por causa do que você fez, não pelo que disse. Você agirá na mesma medida em que está vendido, e na medida em que agir, terá sucesso em vender para os outros!

Garanto que o cara de finanças que mencionei teria mais sucesso se pudesse demonstrar por meio de *ações* que já havia feito os mesmos investimentos. Ele teria sido capaz de olhar para seus clientes com total convicção e mostrar a eles que havia feito o que estava pedindo que fizessem, que estava agindo de acordo com suas palavras, porque vendeu-se a si mesmo. A propósito, ele aceitou meu conselho, e sua renda quadruplicou.

O PONTO ESSENCIAL

O ponto essencial de ter vendedores que são vendidos passa despercebido por 90% de toda a gerência. Vá a uma loja da Apple e pergunte aos vendedores o quanto eles gostam de seus produtos. Essas pessoas estão tão vendidas que parecem fazer parte de uma seita religiosa. O pessoal da Apple não usa PCs em casa. Eles se venderam à Apple, e isso pode ser percebido quando apresentam seus produtos.

Fui a uma churrascaria muito sofisticada e perguntei à garçonete qual era seu filé preferido. Ela me disse que era vegetariana! Como assim? Tem alguém administrando esse negócio? O que essa pessoa está fazendo em uma churrascaria?

Eu nunca contrataria um vendedor se ele não estivesse disposto a comprar e usar ele mesmo o produto. Também não contrataria um vendedor que não compraria o produto porque não tem dinheiro. Se ele realmente não tiver os recursos necessários, vamos dar a ele um cartão de crédito ou um plano de pagamento e vender-lhe o produto, para que ele possa dizer aos outros que é tão bom que ele se endividou para comprá-lo!

Além disso, eu não contrataria um vendedor que não gastasse dinheiro. Se uma pessoa não gasta dinheiro ou tende a ser muito econômica na forma como o gasta, ela sempre terá problemas para convencer as pessoas a gastá-lo. Garanto-lhe que quanto menos obcecado for com o dinheiro, mais fácil ele virá até você. Conheço vendedores tão rigorosos que ainda guardam sua primeira comissão. Enquanto se gabam dessa frugalidade, estou convencido de que teriam alcançado níveis de renda muito mais elevados se não fossem tão rígidos com seu próprio dinheiro, porque mais pessoas teriam dado a eles mais dinheiro.

Se você não se comprar, não se vende! Se não puder passar no simples teste de estar disposto a comprar seu próprio produto, nunca será capaz de vendê-lo em grandes quantidades aos outros.

Você é poderoso quando está sentado à mesa de negociação, ao olhar o cliente em potencial nos olhos e mostrar a ele que já comprou exatamente o mesmo produto que está vendendo para ele. Sua convicção pessoal e credibilidade levarão sua carreira a novos patamares quando você estiver totalmente vendido. Compre o produto você mesmo e será capaz de tratar milagrosamente objeções com que os vendedores comuns não conseguem lidar! Esteja totalmente vendido aos produtos, serviços e à empresa para a qual trabalha e observe seus clientes em potencial se transformarem em clientes reais!

QUESTÕES DO CAPÍTULO CINCO

Qual é a venda mais importante que você tem que fazer?

Quais são as quatro coisas da vida às quais você precisa estar vendido?

    1.

    2.

    3.

    4.

Defina "irracional".

O que o autor sugere ser o ponto decisivo na venda? (Defina-o.)

Escreva três lições que recebeu e que sugerem que você deve ser racional.

1.

2.

3.

Até que ponto o autor sugere que você esteja convencido sobre o que está vendendo?

CAPÍTULO SEIS

O MITO DO PREÇO

QUASE *NUNCA* É UMA QUESTÃO DE PREÇO

Se fizer uma pesquisa com todos os vendedores do mundo, descobrirá que a maioria deles acredita que o principal motivo de se perder uma venda é o preço. Isso não é absolutamente verdade, e, de fato, nada poderia estar mais longe dela.

O preço não é a maior preocupação do comprador. Na verdade, ele é o último dos motivos pelos quais as pessoas não compram. A maioria das vendas é perdida por causa de objeções implícitas — não as objeções óbvias e aparentes, como preço, forma de pagamento ou orçamento, mas aquelas que o comprador não expressa. Conseguir a venda não tem nada a ver com dinheiro. Em última análise, tem a ver com a confiança que o comprador tem de que o produto é o certo.

Já que há diferença de preço, o cliente quer ter a garantia de que seu produto tem vantagens além dessa diferença de custo.

A EXPERIÊNCIA DO PREÇO

A maioria dos vendedores acredita que se o preço for mais baixo, venderá mais. Mas a verdade é que eles não vendem mais porque não identificaram corretamente o problema e, portanto, não são capazes de obter a solução correta. Certa vez, um vendedor disse que se o preço dos ingressos para meu seminário fosse menor, venderia o dobro. Mesmo sabendo que o que ele estava dizendo beirava a idiotice, pratiquei a primeira regra da venda — "Sempre concorde com o cliente" — e disse a ele que muitas vezes me perguntei a mesma coisa e, de fato, estaria disposto a testar sua teoria.

Então, oferecemos um seminário de Grant Cardone em Detroit com ingressos a um décimo do preço normal. Detroit sempre foi um dos nossos mercados de seminários mais frequentados, e quem fez a sugestão sobre o desconto estava pensando que teríamos o maior público de todos os tempos. Havia apenas uma condição em nosso acordo para testar adequadamente sua pequena ideia: Ele poderia vender os ingressos enviando apenas um material de marketing que informava sobre o seminário, a data, o preço, o endereço do site e um número de telefone de contato. Não tinha permissão para fazer uma apresentação de vendas completa. A realidade é que, de qualquer maneira, por um preço tão baixo, não seria possível fazer tal apresentação.

Aquele seminário teve o menor público de todos os que apresentei em vinte anos. Nem mesmo cobriu o custo da minha passagem aérea, e as comissões do vendedor não cobriram o custo da mala direta. Perguntei ao público por que eles achavam que tão poucas pessoas tinham comparecido, e eles disseram que não acreditavam que eu realmente estaria lá pessoalmente. Esperavam que o seminário fosse apenas um vídeo meu. Se o preço for muito baixo, as pessoas não verão qualquer valor no produto. Além disso, se apenas o preço fosse a razão pela qual as pessoas compram, a empresa não precisaria de vendedores, e isso seria um problema para 25% da população.

O sucesso sempre exigirá um vendedor profissional, que dedique seu tempo para vender recursos e benefícios.

É QUESTÃO DE AMOR, NÃO DE PREÇO

Após a experiência com os ingressos baratos, dobrei o preço original, e a participação em meus seminários futuros aumentou em mais de 100%!

O preço quase nunca é problema para os compradores, mesmo quando eles dizem que é. Na maioria das vezes, o verdadeiro problema é amor e confiança. Eu amo este produto? Porque, se amá-lo, vou pagar o que for preciso. O comprador está 100% confiante de que este produto lhe proporcionará o que deseja? Este serviço resolverá o problema? Se ele estiver perdidamente apaixonado pelo produto e não puder viver sem ele, o comprará independentemente do preço, assumindo que possa arrumar dinheiro para pagar por ele. Se tiver total confiança de que o produto resolverá seus problemas e lhe fornecerá uma solução real, ele o comprará por quase qualquer preço. As pessoas farão tudo o que puderem por amor e gastarão seu último centavo por uma solução real.

Se você já perdeu alguém, sabe do que estou falando. Naquele momento, quando descobriu que estava prestes a perder alguém especial, você seria capaz de vender tudo o que tinha e se endividar completamente, só para ter essa pessoa de volta em sua vida. Por quê? Amor, meu bem — amor!

É preciso fazer com que o comprador queira mais o produto do que seu dinheiro! Ele tem que querer mais o produto ou a solução do que a satisfação de ver números em sua conta bancária. Descobrir o que ele está tentando realizar e demonstrar como o produto resolve o problema dele é a essência de como se fecha um negócio. Claro que há o problema de o produto estar fora da faixa de preço de alguém, mas esse é o ponto que estou tentando demonstrar. Se eles realmente gostarem do produto, se realmente resolver seus problemas, descobrirão uma maneira de conseguir o dinheiro.

Não se pode colocar uma etiqueta de preço em alguém ou em algo se o amamos de verdade. E se você já teve um problema sério na vida, certamente o dinheiro era a última das suas preocupações. Livrar-se do problema era mais importante. Dê-lhes amor, resolva um problema, e você receberá o dinheiro.

Se o cliente pode pagar pelo produto ou serviço, mas ainda não o comprou e reclama de falta de dinheiro, isso sempre significa que ele tem outras preocupações que devem ser tratadas. Se ele estivesse totalmente vendido, o preço não seria o problema.

Embora seu cliente em potencial possa apresentar objeções verbais ao preço, outros pensamentos provavelmente estão passando por sua mente: *Este é o produto certo? Existe um produto melhor do que este? Esta é a proposta certa? Isto realmente resolverá nossos problemas? Meu pessoal vai usá-lo? O que os outros vão pensar de mim se o comprar? Isto é algo que realmente vou usar e aproveitar? Esta empresa realmente prestará uma boa assistência em caso de falha? É melhor comprar outra coisa? E se algo melhor for lançado na próxima semana? Eu o conheço o suficiente? Temos todas as informações? Devemos comprar o "X" em vez disto? Devo me associar ao clube de campo? É melhor deixar o dinheiro no banco ou gastá-lo? Será que vou repetir o mesmo erro do passado?*

Se essas considerações forem tratadas de forma a satisfazer o comprador, o preço não será mais o problema. O produto ou serviço que você está vendendo obviamente criará diferentes preocupações para o tomador de decisão, mas acredite em mim, independentemente de você se deparar com essa situação, ela quase nunca se resume apenas ao preço. Quando você entender isso, terá sucesso.

Digamos que um cara esteja comprando um presente de aniversário para o amor da sua vida. Ele encontra algo que acha que sua namorada vai amar, mas diz ao vendedor que custa mais do que ele gostaria de gastar. O que ele está realmente dizendo é que não está totalmente vendido à ideia de que o produto é o presente perfeito para ela. Ele mesmo não amou o produto ou não tem certeza se é algo que ela vai amar. O produto ainda não está fazendo com que ele se sinta bem ou seguro o suficiente para tomar a decisão de comprar o presente. Nesse caso, eu reconheceria sua argumentação, diria que entendo que o valor está acima do que ele pretendia gastar, mas pediria uma oportunidade para realmente mostrar a ele algo um pouco mais caro, apenas por diversão. Ele apenas disse que o valor era alto — não disse que não gostava e nem que não poderia comprá-lo! Considere também que quando ele disse que o valor era alto, talvez quisesse dizer que o era para aquele produto, não que não poderia arcar com ele. Talvez, quem sabe, ele prefira gastar um dinheiro extra e comprar um presente que ame mais.

AUMENTE, NUNCA ABAIXE

A maioria dos vendedores comete o erro de oferecer algo por um preço mais baixo quando é confrontada com objeções quanto ao preço. Essa é uma solução incorreta, baseada na falsa crença de que o preço é a razão pela qual as pessoas não compram as coisas.

Quando você abaixa o preço para um cliente ou oferece a ele algo mais barato, é menos provável que ele queira o próximo produto se não quiser o primeiro. Isso apenas fará com que o comprador pense que você não tem a solução e que está desperdiçando seu tempo. Ao aumentar o preço do produto, você o fará pensar em termos de valor e descobrirá se sua objeção é válida ou não.

Se ele acredita que a namorada vai amar o presente e realmente quer fazê-la feliz, mostrar-lhe algo mais caro o deixará mais perto de conseguir uma venda. Lembre-se, ele quer tomar boas decisões. Nesse ponto, ele demonstrará que o primeiro produto foi a escolha errada pelo simples fato de que agora está olhando para a opção mais cara, ou dirá que precisa buscar algo que custe menos. De qualquer forma, agora ele está comprando, não negociando. Você pode até mostrar a ele uma linha ou um produto completamente diferente, sabendo que sempre pode voltar ao original. É preciso esgotar seu estoque, não seu preço!

Lembro-me de um cliente que uma vez me disse que meu produto custava muito dinheiro e não consegui convencê-lo. Ele então saiu e comprou um produto US$150 mil mais caro, do meu concorrente. Quando ele disse que era muito dinheiro, estava realmente dizendo que era muito para a solução que eu estava oferecendo. Você descobrirá que as objeções de preço poderão ser resolvidas tanto com soluções mais caras quanto com preços mais baixos.

Quando não consigo fechar uma venda, sempre tento mostrar ao comprador um produto maior ou mais caro como a primeira solução para a objeção de preço. Embora isso possa não fazer sentido à primeira vista, garanto que será um sucesso. Se o cliente, pelo menos, considerar a ideia, sei que se trata de um produto sobre o qual ele ainda tem dúvidas. Isso é chamado de "fechamento de estoque". Já tive milhares de clientes dizendo que algo estava muito caro ou acima do orçamento, ou que ficaram com aquela conhecida cara de desgosto. Nesses casos, mostro imediatamente a esse comprador um produto mais caro. Por quê? Porque eles estão dizendo que é muito dinheiro para aquele produto ou serviço ou que não têm certeza de que ele resolverá o problema. O comprador prefere pagar mais e tomar a decisão certa do que pagar menos e cometer um erro.

Todo consumidor já cometeu erros antes, e essa é a principal razão pela qual hesita em tomar decisões. É o medo de repetir o mesmo erro, não de gastar o dinheiro. É a angústia de fazer a escolha errada, comprar o produto errado ou tomar uma decisão que não ofereça a solução que ele estava procurando, mais do que o preço.

Sempre mostre aos seus compradores como podem gastar mais como uma solução ao preço — isso determinará se você está lidando com uma real objeção de preço ou não. O pior resultado possível é o produto mais caro fazer o que estão vendo parecer mais acessível do aquele que eles estão procurando, o que realmente agregará valor e justificará o preço. Nunca acredite na conversa dos vendedores medíocres que existem por aí, que acham que o preço é a questão mais importante ou que promovem a ideia de que, se o preço fosse mais baixo, poderiam vender mais! Basta olhar para seus resultados e ignorar seus conselhos.

Uma vez, uma instituição de caridade me perguntou se eu poderia ajudar na arrecadação de fundos. Os membros me falaram de um cliente em potencial que tinha os meios para fazer uma doação considerável e apoiava a instituição de caridade, mas estavam tendo problemas para fazer com que ele fizesse uma contribuição financeira. Eles estavam em contato com ele há um ano e não tinham ganhado um centavo. Perguntei-lhes qual era o valor que esperavam que fosse doado e descobri que eles estavam pedindo US$10 mil. Sugeri que talvez eles estivessem pedindo pouco. Talvez aquele cliente em potencial não gostasse de fazer pequenas contribuições, assim seria mais fácil conseguir um valor maior.

Uma mulher olhou para mim com descrença e disse que aquele homem era uma das pessoas mais avarentas de quem já tentara obter uma contribuição. Então, liguei para o cliente em potencial e, em apenas dez minutos, consegui uma contribuição com um valor dez vezes maior do que o que eles vinham tentando obter há um ano. Ele não era avarento de forma alguma, exceto na mente do arrecadador de fundos. Na verdade, era uma das pessoas mais generosas que já conheci. Ele disse-me que nunca havia contribuído para a caridade porque não achava que US$10 mil realmente fariam diferença. Tudo o que fiz foi pedir a quantia certa, a que *ele achava* que faria diferença! A contribuição maior realmente resolveu o problema.

Dica: Seu cliente em potencial nunca é o problema — *nunca*! Os vendedores, não o cliente, são as barreiras finais para todas as vendas.

SÃO OS VENDEDORES, NÃO OS CLIENTES, QUE ATRAPALHAM AS VENDAS

Tenha isso em mente: *O preço não é o seu problema — você é o seu problema!* Os clientes não atrapalham uma venda. São os vendedores que impedem que elas aconteçam. Você, não o cliente, é a barreira para que o negócio seja fechado.

Dê ao cliente em potencial um produto que ele ame ou um serviço que resolva seu problema e fechará o negócio quando ele tiver total confiança no produto ou serviço e em você.

Claro que haverá momentos em que o assunto dinheiro virá à tona. Às vezes eu lembro a uma pessoa: "Embora eu concorde que é muito dinheiro para um presente, não há falta de dinheiro neste planeta.

Mas há uma carência de pessoas que encontraram o amor de suas vidas e que sabem como mostrar seu apreço por ele. Seja grato por ter alguém para amar. Agora, como você gostaria de lidar com isso?" Isso é vender! Se o comprador estiver totalmente convencido de que está certo, vai fazer o que for preciso para provar isso!

Se o comprador dizendo que é muito dinheiro descobrisse que tem uma doença e vai morrer, e que este produto salvaria sua vida, o que ele faria? Ele arrumaria o dinheiro, compraria o produto e salvaria sua vida. Por quê? Porque ele está completamente convencido da sua necessidade! Se ela for importante o suficiente e ele tiver confiança na cura, se o amor for grande o suficiente, o preço não será um problema.

Ao comprar uma casa, por exemplo, as objeções implícitas que o corretor de imóveis não ouvirá serão: "Esta é a casa certa? É este o lugar que vai atender às nossas necessidades? Seremos felizes aqui? Este será um bom investimento? Será que eu amo mesmo este lugar? Podemos encontrar algo melhor? Se vamos gastar tanto dinheiro, por que não investir um pouco mais e comprar a casa dos nossos sonhos?" A última objeção — vamos investir mais dinheiro — descreve cerca de 50% de todos os compradores que estão preocupados com o preço. Os mesmos compradores que usam o preço como objeção frequentemente sairão e gastarão ainda mais, não menos! Lembre-se, muitas vezes, quando um comprador diz: "É muito dinheiro", o que ele realmente está dizendo é: "É muito dinheiro para este produto!"

Lembra-se da história da casa que vendi por cerca de 50% a mais do que a corretora disse que valia? Quando a compradora entrou na casa, soube que ela amou logo de cara. Mais tarde, ela insistiu em fazer uma avaliação porque seu gerente disse que ela estava pagando um valor muito alto. Expliquei-lhe que, embora entendesse, seria um desperdício, porque a casa não seria avaliada pelo preço que eu estava pedindo. Disse a ela que a casa estava acima do preço e por isso não seria avaliada de acordo. Expliquei que paguei muito pela casa quando a comprei, assim como as pessoas antes de mim, e que as próximas pessoas também pagariam muito por ela. Por causa da localização, ela sempre foi vendida por mais do que era avaliada, e todos sempre pagariam mais por ela. A compradora decidiu não fazer uma avaliação e ficou com a casa. Morou lá cerca de um ano e meio e a vendeu por um preço muito maior. Nunca se trata de preço. Trata-se de amor ou confiança de que o produto resolverá seus problemas.

UM CAFÉ POR US$4, UMA ÁGUA POR US$2

Para ser um vendedor eficiente, você precisa acreditar nos seres humanos. Precisa ter uma visão positiva sobre as pessoas. Deve acreditar que as pessoas são boas e que querem tomar a decisão certa. Seus compradores são exatamente como você — gastam o dinheiro que não têm, estouram o orçamento, trabalham duro para ganhar dinheiro, já tomaram boas e más decisões. Assim como você, eles querem evitar as falhas e acertar nas escolhas. Querem se sentir bem consigo mesmos e com suas decisões.

Quando você vende um serviço para um empresário, ele quer saber se fez a coisa certa para seu negócio e se o valor gasto fará a diferença para sua empresa. Se estiver vendendo um produto, os consumidores querem ter a certeza de que ficarão felizes com ele e de que, ao usá-lo, se sentirão bem, terão uma boa aparência e serão admirados pelos outros por causa da escolha que fizeram.

Se as pessoas não compram de você, esteja certo de que quase nunca é por causa de dinheiro ou orçamento, mas por causa de algo que você desconhece. Se fosse tudo uma questão de preço, por que as pessoas ficariam na fila por uma xícara de café de US$4 quando podem fazer um bule inteiro em casa por quase nada? Ou por que gastariam US$2 em uma garrafa de água quando podem simplesmente pegar água da torneira de graça? Por que alguém gastaria milhares de dólares em ingressos para a temporada de futebol quando pode assistir a ela na televisão? Por que alguém sairia e compraria um carro esporte quando pode pegar o metrô para o trabalho e chegar lá na metade do tempo? Por que você levaria seu filho a um médico quando ele se cortasse, em vez de costurá-lo você mesmo? Amor, meu bem — amor!

Pense em quantas vezes você pagou mais do que poderia pagar e *amou*! Considere quantas vezes em sua vida estourou o orçamento porque encontrou algo que nem estava procurando e decidiu comprar por impulso.

Lembre-se, quase nunca é uma questão de preço.

QUESTÕES DO CAPÍTULO SEIS

O que o autor sugere ser o principal motivo pelo qual as pessoas não compram algo?

Forneça dois exemplos de uma ocasião em que você disse a alguém que não poderia fazer algo e usou o preço como motivo, quando na verdade havia outra objeção nunca revelada.

1.
2.

Quais são as duas principais razões pelas quais as pessoas compram algo?

1.
2.

Escreva abaixo três coisas que as pessoas amam e compram todos os dias, mas não precisam.

1.
2.
3.

Escreva abaixo três ocasiões em que você comprou algo que não podia pagar porque resolvia um problema seu ou porque amou tanto que não resistiu.

    1.

    2.

    3.

O que o autor sugere ser a melhor forma de justificar um preço quando há uma objeção?

CAPÍTULO SETE

O DINHEIRO DO SEU COMPRADOR

NÃO EXISTE ESCASSEZ DE DINHEIRO

Antes de começar a pedir dinheiro aos seus clientes, há algo que precisa ser esclarecido sobre o assunto. Milhões de pessoas têm a falsa ideia de que há algum tipo de escassez de dinheiro. Mas a verdade é que há dinheiro mais do que suficiente para todos. De fato, há um excesso dele.

Você sabia que há dinheiro suficiente circulando neste planeta para que cada ser humano tenha um patrimônio líquido de US$1 bilhão? Um bilhão de dólares! Você está recebendo sua parte? Se não, é porque está pensando em termos de trabalho árduo e limites, não em termos de abundância.

Olhe para o oceano e observe a energia infinita criada lá. Ela não tem fim. Vá até ele e pegue quantos baldes de água quiser. Quantos baldes você pode pegar? Se pegar quantos baldes quiser, ainda haverá muita água? É claro que sim.

Veja quanto dinheiro existe no mercado. Quantas pessoas têm casa, carro, pagam contas de telefone todos os meses e compram roupas e comida? Existem quantidades infinitas de dinheiro, e se chegarmos perto de acabar com ele, mais será impresso — gerando inflação!

Esqueça a ideia de que há escassez de dinheiro, porque isso não é verdade! Há muito dinheiro para ser gasto. Se começar a procurar prosperidade e abundância, verá que elas já existem ao seu redor.

FIQUE ATENTO! Se as pessoas têm dificuldade em tirar dinheiro de você, nunca será fácil para você tirá-lo de outras pessoas. Muitos dos melhores e mais bem pagos vendedores que conheci são as pessoas mais generosas de todas. Eles têm menos medo do dinheiro, não porque o têm em abundância, mas porque entendem que ele deve ser usado, não possuído. E por saberem disso, não têm problemas para fazer com que os outros abram mão dele.

SEU COMPRADOR E O DINHEIRO DELE

É muito engraçado quando chega a hora de receber do comprador. É como se o dinheiro o identificasse de alguma forma ou se ele sentisse que ficou diferente quando o deu a outra pessoa. Quando se trata de abrir mão do dinheiro, os compradores podem agir de maneira estranha e começar a dar desculpas. Podem até inventar histórias estranhas e alterar um pouco a verdade. O profissional treinado sabe como permanecer no negócio, como lidar com objeções e atrasos, como persistir, e pode fazê-lo sem parecer pressionar o cliente.

É ainda mais engraçado quando você considera que a maioria das pessoas não está de fato lhe dando dinheiro. Elas estão simplesmente transferindo números de uma conta bancária para outra. Na maioria dos casos, nem estão pagando por isso. Outra pessoa está. Mas dizem: "Não tenho dinheiro para isso." Claro que não têm — por isso temos os bancos!

Algumas pessoas já disseram que meu preço era muito alto quando nem mesmo era o dinheiro delas que estava em jogo. Quando o dono do dinheiro se envolveu no negócio, ele imediatamente disse "sim" sem nunca mencionar o preço.

Alguns dos compradores mais difíceis com os quais já me envolvi me agradeceram imensamente por ter ficado ao lado deles, lidando com questões de preço e ajudando-os a tomar a decisão certa. Ame seu produto, seu serviço, seu cliente, e ame a si mesmo o suficiente para aprender a "vender agressivamente". Se precisar de ajuda para lidar com as objeções dos compradores, adquira meu programa de áudio completo sobre como fechar um negócio. Isso mudará sua vida.

O SEGUNDO DINHEIRO É MAIS FÁCIL DO QUE O PRIMEIRO

Descobri o fenômeno do segundo dinheiro por acidente em uma semana frenética, em que todas as minhas vendas estavam sendo bem-sucedidas. Era um daqueles momentos estranhos em que tudo vem fácil e sem esforço. Cada cliente em potencial com quem estava trabalhando comprava de mim, e parecia que eu havia entrado em algum portal de fechamento mágico no universo. Passei horas vendendo a uma equipe executiva, que precisava que o produto fosse acessível para sua empresa. Eles finalmente se renderam à minha lógica e persuasão e concordaram em fazer a compra.

Após a aceitação daquele produto, pensei em elevar os executivos a outro patamar, pois realmente acreditava que seria o melhor investimento para a empresa. Sabia que eles já haviam estourado o orçamento, mas tinha que tentar mesmo assim. Sugeri que, como já estavam pagando mais do que o planejado, por que não ir até o fim e subir mais um nível? Eles se entreolharam e se viraram para mim com espanto. "Na verdade", disse um dos rapazes, "íamos pedir que fizesse exatamente isso. Já estamos pagando mais do que esperávamos — teremos apenas que produzir um pouco mais para que isso funcione." Naquele momento, tropecei em um dos grandes segredos da venda: *Ganhar o segundo dinheiro é mais fácil do que o primeiro.*

Surpreso com essa descoberta, refleti sobre os momentos em que comprei um produto e levei uma eternidade para decidir sobre aquele item específico. Mas quando finalmente tomei uma decisão, acabei comprando mais oito itens ao sair da loja. Esse fenômeno é comum entre os consumidores. Uma vez que o fluxo começa, o comprador fica mais aberto para comprar mais. Na minha concepção, o consumidor está realmente usando a segunda compra e as compras subsequentes para dar suporte à ideia de que sua primeira decisão estava correta.

Por que alguém indica seu dentista para outras pessoas? Para ajudá-lo? Pode ser, mas é mais provável que o indiquem porque convencer outras pessoas a irem ao mesmo dentista apoia a ideia de que suas próprias decisões são corretas. Todos querem saber que estão fazendo a coisa certa, e o fenômeno da segunda compra apoia suas ações e lhes dá a garantia de que o que fizeram antes foi correto. Encontre uma mulher caminhando pela Rodeo Drive em Beverly Hills, carregando apenas uma sacola de compras. Provavelmente não será capaz de fazer isso. Elas estarão todas carregando várias sacolas. Caso encerrado!

Imagine um cliente que entra em uma agência de viagens com a ideia de fazer um cruzeiro. Ele passa quatro horas com o agente, olhando todos os folhetos, enquanto tenta descobrir qual pacote é mais adequado às suas necessidades. *Devo fazer um cruzeiro pela Europa, México, Alasca ou Caribe? Faço um cruzeiro de cinco dias ou de duas semanas? Qual é a melhor empresa de cruzeiro e quem tem os melhores navios?* Depois que o cliente decide o destino e compra o cruzeiro de férias perfeito, esse é o momento ideal para o agente de viagens oferecer produtos adicionais. Há upgrades de cabine de convés interna para uma suíte com vista para o mar, pacotes de passeios terrestres pela ilha, seguro de viagem, upgrades de passagem aérea e assim por diante. Como o cliente se arriscou e comprou o primeiro item, ele vai querer estar certo sobre sua primeira decisão, o que o torna disponível para comprar produtos e serviços adicionais a fim de apoiar essa decisão inicial.

Certa vez, estava arrecadando dinheiro para minha igreja e lidando com um doador em potencial que era muito resistente quanto a fazer qualquer contribuição. Quando finalmente consegui que ele concordasse em fazê-la, eu o parabenizei. Enquanto o observava preencher o cheque, olhei para ele e disse: "Você sabe que vai fazer mais do que isso antes de morrer. Você tem bom coração. É um homem generoso. Por que não agora mesmo?" Ele me olhou e disse: "Você está certo." Rasgou o primeiro cheque e preencheu outro vinte vezes maior do que o valor que havia decidido inicialmente!

Se você já viu alguém em um restaurante reclamar do preço de um filé e depois pedir uma garrafa de vinho que custa o dobro da refeição, sabe do que estou falando. E a pessoa que reclama de pagar US$10 por um ingresso de cinema e gasta outros US$20 em pipoca, refrigerante e doces? Você já ouviu alguém reclamar do valor da parcela do financiamento do carro? Este é o mesmo cara que mais tarde o incrementa com rodas aro 22, pintura personalizada e um sistema de som que pode ser ouvido a três quarteirões! Claro, ele usou o cartão de crédito, que cobra juros de 18%, e o valor pago pelas rodas, pela tinta e pelo som soma mais do que as parcelas do carro. E viva o segundo dinheiro! Aprenda isso, e sua vida mudará para sempre!

QUANTO MAIS GASTAM, MELHOR SE SENTEM

Seu cliente em potencial, independentemente do que ele diga, sempre quer mais, não menos. Acredite ou não, as pessoas adoram gastar dinheiro, e quanto mais dinheiro gastam, mais gostam de gastá-lo, e mais gostam dessa decisão. Mostre-me uma pessoa que gastou menos do que seu orçamento ao comprar uma casa, um carro, móveis, equipamentos, roupas, um pacote de férias — qualquer coisa. Essa pessoa não existe. Os consumidores querem levar muitas coisas para casa, não apenas uma. Eles querem se gabar para seus amigos e vizinhos de que gastaram mais dinheiro e compraram a coisa mais cara.

As pessoas adoram se exibir. Do contrário, não haveria mercado para carros esportivos e roupas de grife. Qualquer um pode comprar uma bolsa popular que vai durar tanto quanto uma bolsa de grife, mas as pessoas sabem que a grife custa dez vezes mais por causa da etiqueta e do emblema. É assim que somos, uma nação de consumidores exibidos. Gostamos de comprar e gostamos de ser vistos comprando. Portanto, a segunda compra reforça que a primeira foi a decisão certa.

O segundo dinheiro é mais fácil de ganhar do que o primeiro. As pessoas lhe dirão: "Não seja ganancioso. Não complique o negócio, resolva logo ou você pode estragá-lo com suas tentativas de conseguir o segundo dinheiro." Ridículo. Esse tipo de pensamento é para os vendedores fracos e medíocres que existem por aí, não para você! O segundo dinheiro é para aqueles que querem levar seu jogo e sua renda para o próximo nível e querem fazê-lo na metade do tempo.

Você vai gastar 90% do seu tempo comendo o prato principal e 10% comendo a sobremesa. Conclua a primeira venda e depois concentre-se na segunda — essa é a sobremesa.

Essa é uma técnica que funciona como mágica. Tudo o que se precisa fazer para abrir a porta do segundo dinheiro é superar seu próprio medo de estragar o negócio *pedindo* por ele!

Dinheiro é um problema intelectual, não uma questão de escassez.

QUESTÕES DO CAPÍTULO SETE

Se outras pessoas tiverem dificuldade em tirar dinheiro de você, o que acontecerá com você?

Escreva algumas das coisas estranhas que já você fez quando chegou a hora de abrir mão de seu dinheiro.

1.
2.
3.

Qual é o dinheiro mais fácil de se conseguir e por quê?

Por que alguém se sentiria melhor gastando mais do que menos?

Por que o dinheiro é uma questão intelectual, não de escassez real?

CAPÍTULO OITO

VOCÊ ESTÁ NO RAMO DAS PESSOAS

O RAMO DAS PESSOAS, NÃO DO PRODUTO "X"

Os fabricantes estão constantemente promovendo a conscientização e o conhecimento do produto porque acreditam que esse é o ponto fraco de sua força de vendas. Eles acham que, se os vendedores realmente entendessem como o produto funciona e seus benefícios, venderiam mais. Embora seja verdade que os vendedores devem conhecer muito bem seus produtos, não se deve esquecer de que são as *pessoas* que os compram. É por isso que é fundamental que os vendedores as conheçam primeiro, depois os produtos. Conheci vendedores que entendiam os meandros dos produtos e todos os seus detalhes, mas não eram capazes de fechar o negócio porque não entendiam as pessoas. Ser especialista no produto, mas desconhecer as pessoas, é sinônimo de resultados mínimos.

Se você entender o produto antes de entender as pessoas, colocará a carroça na frente dos bois. Você deve entrar primeiro no ramo das pessoas, depois no dos produtos. É claro que é preciso conhecer o produto. É preciso conhecer seus benefícios e como ele se compara aos outros, mas, antes de tudo, deve-se entender as pessoas e o que elas desejam antes de lhes vender ou lhes mostrar seus benefícios.

A maioria dos vendedores que conheço passa muito tempo vendendo o produto e esquece que 80% da venda é composta de pessoas e 20% de produtos. Isso se comprova observando-se a quantidade de pessoas que compram produtos de qualidade inferior a cada minuto, todos os dias. Por que isso acontece? Porque elas compram por outros motivos que não apenas os benefícios do produto.

Uma pessoa para em uma loja de conveniência depois do trabalho e compra uma caixa de leite. Essa é a melhor marca de leite que ela pode beber? Tem o melhor preço da cidade? Ela não sabe e não se importa, porque não se trata da caixa de leite que está sendo comprada. Trata-se da conveniência de poder comprá-la no caminho de casa, levando-a para sua família o mais rápido possível.

O engraxate do aeroporto não entende que não é o preço ou a qualidade do serviço que impede as pessoas de pararem em seu estande. Ele não percebe isso, porque pensa que está ali para engraxar sapatos. O motivo pelo qual o empresário não para e engraxa seus sapatos é porque não precisa de engraxate, não é por causa do custo. O empresário está preocupado com a possibilidade de perder sua conexão. Se o engraxate anunciasse um serviço que fica pronto em sessenta segundos, teria que expandir seu estande para dar conta de todos os clientes. Para acertar o alvo e fechar a venda, é preciso perceber que você está no ramo das pessoas, não dos sapatos engraxados. Aprenda a pensar como os clientes pensam. Os produtos não pensam, sentem nem reagem. As pessoas, sim.

Moro em Los Angeles, e minha esposa eu abastecemos o carro em um posto em Sunset Boulevard, onde o proprietário sai, cumprimenta-nos pelo nome, enche o tanque, limpa nosso para-brisas e nos dá uma garrafa de água de cortesia! Estou pagando pelo combustível ou pelo serviço? Isso tem a ver com pessoas ou com o grau e a qualidade do combustível que está sendo colocado no meu carro? O proprietário está focado nas pessoas ou na gasolina? Onde você acha que vamos abastecer? Se você entende as pessoas, chegará à resposta certa. O dono do posto entende que não está no ramo de combustíveis, mas no de pessoas — é por isso que continuamos a comprar dele.

Dizem que as pessoas não se importam com o quanto você sabe até que saibam o quanto você se importa. Acredito que isso seja verdade e posso confirmar com cheques de comissão. Nunca considero que estou vendendo um produto, mas que estou ajudando uma pessoa a tomar a decisão certa. Já vendi peixes, carros, roupas, imóveis, vídeos, joias, investimentos e até ideias. Descobri que me saía melhor quando estava interessado no indivíduo — no "ser humano" que quer aproveitar a vida e resolver um problema comprando meu produto.

Na maioria das vezes, os vendedores lançam seus argumentos de venda sem saber nada sobre o cliente, o que é uma maneira infalível de perder o negócio. O que é importante para os compradores? Do que eles precisam? Qual é o cenário ideal para eles? O que estão realmente tentando obter com a compra? O que os faz se sentirem bem de verdade? Se pudessem ter tudo o que desejam, o que seria? Essas são as perguntas que o ajudarão a entender como vender-lhes algo.

Esteja interessado no cliente, em vez de interessar-se em vender-lhe algo. Quando um comprador sai em busca de um produto, ele não se importa com o quanto você sabe, só se preocupa consigo mesmo: Seu tempo, seu dinheiro, e em fazer o melhor para si mesmo. Ele se preocupa mais consigo mesmo nesse momento. Você e seu produto estão no fim da sua lista de preocupações.

A PESSOA MAIS INTERESSANTE DO MUNDO

> "Posso não ser a pessoa mais interessante,
> mas sou aquela na qual estou mais interessado."
> — Anônimo

As pessoas estão muito mais preocupadas e interessadas em si mesmas, em sua família e em fazer a coisa certa do que em ter outro produto, não importa o quanto precisem dele ou o desejem.

Se não demonstrar que está tão interessado pelo comprador e por suas preocupações quanto está pela venda, ele saberá que você só está nisso pela comissão. Esteja mais interessado no cliente do que em você mesmo, em seu processo de vendas, em seu produto ou em sua comissão, e venderá mais.

Minha esposa e eu recentemente nos encontramos com uma experiente corretora de imóveis de luxo para visitar uma casa. Enquanto caminhávamos pela propriedade, comecei a dizer-lhe o que era importante para nós, momento em que ela me cortou e continuou mostrando a casa. Você poderia pensar que essa corretora é novata, mas, pelo contrário, está no mercado imobiliário há mais de vinte anos. Talvez isso fosse parte de seu problema. Ela havia se juntado àqueles que estavam no ramo *imobiliário* e se esquecido de que estava no ramo de *pessoas*.

Noventa por cento de todos os vendedores não dedicam um tempo para ouvir o cliente potencial ou para descobrir o que ele está realmente procurando! Embora essa agente tenha sido muito bem-sucedida em comparação com outros, imagine o que poderia vender se estivesse genuinamente interessada nas pessoas e em descobrir o que elas realmente desejam e precisam! Isso certamente lhe pouparia tempo, pois ela saberia o que me mostrar e como me vender. Não é difícil, mas é preciso estar interessado e saber como se comunicar. Não falar, comunicar-se! A verdadeira comunicação exige que se descubra o que é importante para as pessoas, para que se identifique o que realmente desejam e, em seguida, entregar isso a elas. O que as pessoas valorizam? O que é importante? Por que isso é importante? Como querem que você fale com elas? O que as fará agir?

Uma vez estava vendendo um apartamento para um casal em Tucson, e observei que o marido não olhava para mim. Depois de alguns minutos, perguntei-lhe diretamente: "Com licença, por que você não olha para mim?" Ele ficou chocado a princípio, mas depois começou a falar comigo. Interessei-me por ele, e, quando o fiz, ele começou a se comunicar comigo. Perguntei-lhe qual era seu cenário ideal quando pensava em um lugar para morar. A pergunta fez com que se abrisse, e ele me disse tudo o que procuravam. Durante a conversa, começamos a falar sobre golfe, então mostrei a ele onde ficava o campo mais próximo. Ele continuou falando sobre golfe e não parou até que assinou os documentos. Eu mal vendi o apartamento, apenas demonstrei interesse, criei um vínculo com ele e o tornei mais importante do que o produto que estava vendendo. Descobri o que era importante para ele, escutei-o e fechei o negócio.

COMUNICAÇÃO = VENDAS

Se você não se comunicar com o comprador, não terá a mínima chance de fechar a venda. O dicionário define "comunicação" como *um processo no qual informações são trocadas entre indivíduos por meio de símbolos ou comportamentos em comum.*

Apenas falar sobre o seu produto não é se comunicar, pois não há troca de ideias entre você e o comprador. Em vendas, estamos interessados em uma comunicação que tenha acesso à informação, que pode ser transformada em ação. Para obter informações, sua comunicação deve incluir muitas perguntas. O que você espera que esse produto faça de diferente do atual? O que o produto atual tem que fazer para que você fique satisfeito com ele? Em uma escala de um a dez, como você classificaria o que está usando/possui agora? O que faria dele um dez? Esse tipo de questionamento (interessado em você) o ajudará a descobrir o que o comprador deseja, do que precisa e, o mais importante, a que dá valor. Além disso, fazer perguntas demonstra seu interesse pelo indivíduo, e as pessoas querem saber que você está interessado nelas, não apenas em lhes vender algo.

Anos atrás, estava comprando um computador quando o vendedor começou a entrar em detalhes sobre velocidade, memória e capacidade de armazenamento, megabytes e todas essas informações técnicas que nada significavam para mim. Afastei-me dele me sentindo um zumbi, perdido com todos os termos tecnológicos e desconhecidos que ele despejou, e não fechei a compra. Uma semana depois, entrei em outra loja e encontrei um verdadeiro vendedor, que se aproximou e imediatamente começou a me fazer perguntas, em vez de cuspir dados. Perguntou-me se eu pretendia levar o computador em minhas viagens e quais seriam suas três principais utilidades, para determinar como seria usado e o que o tornaria valioso para mim. Aquele vendedor mostrou mais interesse em mim em sessenta segundos do que o outro em quinze minutos. Ele também estava verdadeiramente interessado em encontrar o produto certo para mim, em vez de apenas fechar uma venda. Disse-lhe que estava pensando em comprar um modelo específico, e ele prontamente explicou que o computador que eu estava considerando estava além do que realmente precisava, e que no final eu gastaria mais do que o necessário. Seus conselhos úteis aumentaram minha confiança nele, fizeram com que ele controlasse a venda e me mantivesse interessado.

Acabei comprando dois notebooks e um desktop com ele, em menos de vinte minutos. Antes de sair, perguntei-lhe do que mais poderia precisar e, em seguida, comprei cartões de memória extras, programas de software e garantias estendidas. O primeiro cara ficou quinze minutos demonstrando seu conhecimento sobre o produto, mas não se preocupou em descobrir nada sobre mim, e não conseguiu a venda. Por quê? Porque ele colocou o conhecimento sobre o produto antes do conhecimento sobre as pessoas. O cara que me vendeu o produto e recebeu a comissão também tinha bastante conhecimento, e isso foi essencial para me orientar sobre o produto certo. Mas ele não colocou o conhecimento sobre o produto em primeiro lugar. Ele me colocou em primeiro lugar. O caráter humano envolvido na venda nunca pode ser substituído e torna-se ainda mais benéfico à medida que nos tornamos mais profundamente enraizados na era das máquinas.

Preciso deixar uma coisa clara: Quando sugiro que você faça perguntas, não é com a intenção de manipular. Essa estratégia tem sido muito mal utilizada por treinadores de vendas ao longo dos anos. As perguntas devem ser feitas para se descobrir mais sobre como ajudar o ser humano à sua frente, em vez de como manipulá-lo.

Muitos livros sobre vendas sugerem uma tática de coleta de informações para serem usadas contra o comprador mais adiante. Eles até descrevem truques, como sugerir que o vendedor não responda diretamente as perguntas do comprador, mas que as responda com mais perguntas. Isso é manipulação, não comunicação com a intenção de ajudar o comprador, e não o ajudará por muito tempo.

Estou no ramo das pessoas, não dos produtos, e certamente não estou no ramo da manipulação.

AS PESSOAS SÃO SUPERIORES AOS PRODUTOS (ESSENCIAL PARA EXECUTIVOS)

Faça disso uma regra fundamental em sua vida: Você está no ramo das pessoas, não dos produtos. As pessoas são superiores a eles! São superiores aos processos empregados pelas empresas. Nenhum produto ou processo de vendas terá sucesso se não as tornar superiores! O produto é passivo, as pessoas não. Um processo é uma função e é sempre menos importante do que as pessoas. Se o processo de vendas de uma empresa se tornar mais importante do que as pessoas, falhará.

Um amigo meu, novato na corretagem de imóveis comerciais, convidou-me para uma reunião sobre a propriedade de um investimento que talvez me interessasse. Não vou mencionar o nome da empresa para a qual ele trabalhava, mas posso dizer que é uma das maiores do mundo que representam prédios residenciais e que conta com um processo de vendas muito rigoroso.

Disse para meu amigo ir à minha casa para uma reunião. Ele disse que era indispensável que eu fosse ao seu escritório, em vez de ir me ver. Achei isso estranho e disse-lhe: "Encontre-me no meu escritório, e vamos descobrir como posso comprar algo de você." Ele rebateu, insistindo que eu fosse ao seu escritório! Isso era totalmente atípico nele. Perguntei por que ele continuava a insistir naquilo, porque de jeito nenhum eu iria para o escritório dele. Se ele quisesse se encontrar comigo, teria que ir à minha casa ou nada feito. Enfim, concordou. Quando ele finalmente chegou à minha casa, sentamos à mesa da cozinha e perguntei por que ele continuava a insistir para que eu fosse ao seu escritório. Ele explicou que havia participado de um seminário e a abordagem de vendas da empresa *insistia* em que o cliente fosse ao escritório do vendedor. Esse era um ponto de "controle" que a empresa propagava para seus jovens vendedores, sugerindo que assim seriam capazes de controlar o cliente e obter mais cadastros.

Embora seja fundamental ter um processo de vendas em vigor, no momento em que ele se torna superior ao atendimento prestado ao cliente, sempre está errado! Esse processo específico não incluía a mim, o comprador! A propósito, meu amigo nunca me vendeu um imóvel. Em vez disso, largou o emprego depois que o convenci a vir trabalhar comigo como gerente da minha propriedade. Essa foi uma decisão muito bem-sucedida para ambos. Ele se tornou um próspero empresário e empreendedor do ramo imobiliário. Até hoje me agradece por não o ter encontrado em seu escritório! As pessoas são superiores aos processos.

Lembro-me do primeiro lançamento do Hummer H2. Fiquei tão animado que imediatamente liguei para uma concessionária Hummer, porque queria comprar um. Não precisava de um Hummer, mas queria um e queria naquela hora! Um vendedor atendeu o telefone e perguntei-lhe quanto custava um Hummer. Ele disse que não poderia me passar o preço por telefone. Perguntei-lhe se havia algo errado, porque tinha ligado apenas para saber o preço, e ele afirmou que não poderia me dizer. Disse que era política da empresa não informar preços por telefone. Nossa! Que política! Aquela concessionária Hummer tinha uma política em vigor que impedia as pessoas de comprarem qualquer coisa. Ele então disse que a política existia para evitar que as pessoas se informassem sobre os preços pelo telefone e procurassem um concorrente. Eu nem estava pensando em procurar um concorrente até ele plantar a semente em minha cabeça. *Hmmm. Talvez eu faça isso.* Fiquei imaginando por que a concessionária Hummer se preocupava em divulgar seu número de telefone se ninguém estava disposto a responder às perguntas.

Esse é um exemplo perfeito de uma empresa que implementou políticas inadequadas em um esforço para evitar que as pessoas comprassem dos concorrentes. Algum gênio da gestão criou uma política que não apenas impede as pessoas de comprar, mas também não faz sentido para o comprador e provavelmente nem para o vendedor. Isso resulta em um desperdício total de verbas publicitárias, cria um ambiente de confronto, destrói as vendas e cria uma alta rotatividade de funcionários.

Os processos implementados sem considerar o efeito sobre o cliente serão inevitavelmente ineficazes e destrutivos. As pessoas sempre serão mais importantes do que qualquer processo, procedimento ou política.

São as pessoas que assinam os cheques, não as políticas nem os processos. Produtos são matéria morta, as pessoas estão vivas. Os produtos podem ser substituídos, as pessoas, não. Produtos não se vendem, as pessoas sim. Nunca se esqueça, as pessoas compram produtos, e é seu trabalho vendê-las a seus produtos, não seus produtos a elas.

Cuidar das pessoas é mais importante do que cuidar dos produtos e dos processos que você usa. Preocupe-se genuinamente se seu cliente está obtendo o produto certo. Torne o indivíduo mais importante do que a venda individual, e venderá mais. Esteja interessado no que a pessoa está tentando conquistar e no problema que está tentando resolver, e trate-a como indivíduo — como indivíduo vivo, que respira, insubstituível. Interesse-se antes, durante e depois da venda — mesmo se você não for capaz de fechá-la naquele momento. Nunca deixe que o processo seja superior às pessoas!

Você não está no ramo imobiliário, de financiamentos, de seguros, de investimentos, jornalístico, de roupas, cinematográfico, de hotelaria, de seminários ou em qualquer outro no qual sua atividade se encaixe. Abandone agora mesmo o ramo em que pensa que está e entre no *ramo das pessoas*!

QUESTÕES DO CAPÍTULO OITO

Embora seja importante ser especialista em seu produto, por que é mais importante se tornar um especialista em pessoas?

Qual é a regra 80/20?

Em que as pessoas estão mais interessadas?

Qual é a parte mais importante da definição de comunicação?

Escreva três exemplos de como fazer com que alguém se comunique com você:

1.

2.

3.

O que deve ser sempre considerado superior ao produto, à política ou ao processo?

CAPÍTULO NOVE

A MÁGICA DA CONCORDÂNCIA

SEMPRE CONCORDE COM O CLIENTE

SEMPRE, SEMPRE, SEMPRE concorde com o cliente.

Essa é a regra mais importante e mais frequentemente violada em todas as vendas! Se deseja um acordo, concorde com seus clientes.

Essa regra fundamental não deve ser confundida com o velho ditado: "O cliente sempre tem razão", porque ele nem sempre está certo. Se você já encontrou um desses, sabe bem do que estou falando. A questão é, esteja ele certo ou errado, concorde com o cliente. Concorde ao redigir o acordo. Não discorde e feche o negócio!

Não dá para esperar que alguém concorde com você se não concordar com ele. Isso raramente vai acontecer. As pessoas são atraídas por produtos, ideias e pessoas que representam as coisas com as quais estão de acordo. Essa é uma lei do universo! Seus amigos são as pessoas que mais concordam com suas crenças fundamentais. Seus parentes favoritos são aqueles com quem você deseja passar um tempo durante as férias. São as pessoas com as quais você mais concorda em sua vida. Pessoas que concordam entre si vão ao encontro umas das outras, enquanto as que discordam se separam. O ditado popular de que "os opostos se atraem" não acontece nas vendas. Nesse caso, os semelhantes se atraem e nascem da concordância. Eu gosto de você porque concordamos em algum nível.

SÓ É PRECISO UMA

Quando não há concordância suficiente entre as duas partes, não há acordo. Esse é o motivo pelo qual parcerias fracassam, casamentos terminam e seus clientes param de comprar de você. Muita gente pensa que são necessárias duas pessoas para se chegar a um acordo. Mas a verdade é que basta uma, porque assim que a parte contrária concorda, acabou-se a discordância. O vendedor que deseja um acordo deve concordar com o cliente antes que isso seja alcançado. Mesmo quando um comprador faz afirmações ridículas ou exageradas, concorde com ele. Só porque você acha que o que ele está dizendo é ridículo, não significa que ele pense assim. Se ele pensa que algo é preto e você acha que é branco, ambos estão certos. No entanto, se ele pensa que algo é preto e você quer fazer a venda, é melhor concordar com ele e dizer que é preto. Se ele acha que deve esperar e pensar sobre isso e você discordar dele, apenas apoiará sua necessidade de esperar e nunca fechará o negócio. Porém, se simplesmente concordar com ele, afirmando que pensar nisso é uma boa ideia e deixá-lo saber que concorda, ele se sentirá mais atraído por você e se moverá em sua direção, não ao contrário. Depois de concordar com ele, vá em frente e explique que pensar no assunto não mudará o fato de que esse é o produto certo, de que ele pode pagar por ele, de que sua empresa economizará dinheiro por causa dele e de que, ao tomar a decisão de comprá-lo agora, poderá concentrar sua atenção em todas as outras coisas em que precisa pensar. Concorde com ele primeiro, e observe a mudança em sua forma de pensar.

Certa vez peguei-me pensando em adicionar um quarto cachorro à nossa família, e minha esposa foi totalmente contra a ideia. A primeira coisa que fiz foi concordar com ela. "Você está certa, querida. A última coisa que precisamos é de outro dogue alemão."

Erguendo as sobrancelhas, ela perguntou: "Você concorda comigo?"

"Completamente", declarei. "Você está certa. Não faz o menor sentido termos quatro cães."

Foi nesse momento que ela olhou para a foto do cachorrinho, e um pequeno sorriso cruzou seus lábios. "Ele é tão fofo."

Pronto! Aqui estamos com o cachorro número quatro! Entendeu a lógica? Concorde, reconheça, faça a outra parte achar que está certa e, em seguida, feche o negócio.

Não existe uma regra mais violada do que essa, a número um ao se vender qualquer produto. A concordância é o segredo para aumentar suas vendas! Isso precisa ser treinado e praticado, porque as pessoas tendem a discordar a fim de satisfazer sua ânsia de estarem certas.

O DESAFIO DA CONCORDÂNCIA

É imprescindível que você pratique isso, e é melhor praticar com um amigo, parente ou colega de trabalho. Grave diferentes situações em um gravador digital e pratique como lidar com elas, primeiro concordando com as pessoas e depois as enfrentando.

Este é o exercício: Tente concordar com todos com quem você fala por um único dia. Comece em casa, pois todos os dias há infinitas oportunidades de fazer exatamente o oposto do que estou pedindo. Aposto que você não consegue sobreviver a um dia sem violar essa regra básica e essencial da venda. Tente! Se perceber que está discordando verbalmente de qualquer pessoa, recomece e continue até que possa passar um dia inteiro concordando com todos.

Conheço pessoas que começaram esse exercício às 8h e às 8h30 já haviam falhado.

Seu filho diz que não quer ir para a escola hoje. Lide com isso concordando primeiro. "Entendo o que você está dizendo, porque eu também não queria ir para a escola às sextas-feiras. Agora vista-se, meu camarada, e vamos."

Seu marido quer ver um novo filme de ação, mas você prefere um jantar romântico. Concorde primeiro. "Você está certo. É uma ótima noite para um filme. Por que não vamos primeiro àquele novo café e comemos alguma coisa?" Depois de concordar, é possível sugerir alternativas mais adequadas para você. Agora que estão no café, convença-o sobre outra coisa ou terá que assistir ao filme de ação. De qualquer maneira, passará um tempo com seu cônjuge, e assim ambos ganham.

Um cliente lhe diz: "É muito dinheiro." Agora é para valer! "Concordo que é muito dinheiro. Todos que investem neste produto concordam que este sistema é um grande investimento no momento da compra. É por isso que você deve instalá-lo, para que comece a ganhar dinheiro imediatamente."

"Um telhado novo custa muito dinheiro", resmunga o cliente. "Tem razão", responde você. "Mas seu novo telhado vai durar trinta anos e não haverá mais despesas com vazamentos ou reparos. Isso terá que ser feito mais cedo ou mais tarde, então vamos fazer logo."

"Os quartos são muito pequenos", diz o comprador. "Você está certo", concorda você. "Isso foi uma das primeiras coisas que percebi também. O que você acha que pode ser feito sobre isso?"

Concorde e, em seguida, ofereça ao comprador a oportunidade de ser o primeiro a encontrar uma solução, para descobrir o quanto isso realmente é uma objeção.

"Nunca tomamos decisões precipitadas!", diz o cliente. "Concordo", diz você. "Tomar uma decisão precipitada seria a coisa errada a se fazer, e eu não gostaria que você fizesse isso. Porém, você está pensando em fazer um upgrade já há algum tempo. Você usa o mesmo sistema operacional há dez anos e é hora de atualizá-lo. Se tivesse feito isso há nove anos, teria sido precipitado, mas agora faz todo o sentido."

Concordar com o cliente é a regra mais importante de todas! E é ainda mais importante ao se fechar um negócio. Não acredito que estou dizendo isso, porque vejo a negociação como algo sagrado. No entanto, se discordar de alguém antes do fechamento, você corre o risco de nunca chegar ao ponto de ser capaz de fazê-lo. Mostre-me os

1% melhores entre todos os vendedores em qualquer setor, e mostrarei pessoas que são mestres em primeiro concordar com seus clientes para depois fechar o negócio como queriam desde o início.

Os vendedores estão constantemente tentando vender e negociar discordando. Isso é como tentar nadar contra a corrente. Na maioria dos casos, a pessoa não se afoga por causa da água que entra nos pulmões, mas porque está exausta de lutar. A maioria dos vendedores se afogam nas negociações por estarem exaustos de tentar superar todas as objeções. Comece a venda concordando, continue a concordar, deixe o comprador pensar que está certo — e feche o negócio.

Você está certo! Estou com você! Concordo! Deixe-me ver o que posso fazer por você! Eu entendo! Darei um jeito nisso! Pronto!

Independentemente do quanto o comprador esteja fora de sintonia ou incorreto, é fundamental que o relacionamento seja construído sobre uma concordância, se quiser fazer a venda.

Algumas pessoas dirão que concordar com alguém sem ser sincero é manipulá-lo. Embora eu esteja disposto a concordar com quem considere isso manipulação, vejo a concordância como uma tentativa de me sair bem. Penso que discordar das pessoas o impede de concluir uma venda, e isso não faz sentido. Se você diz que está quente e eu acho que está frio, posso concordar com o seu *ponto de vista* de que está quente. O que tenho a perder? Estou simplesmente reconhecendo que você acha que está quente. Isso não é manipulação, é compreensão. Você não pediu minha opinião. Tudo o que fiz foi concordar com a sua realidade, sem acrescentar o fato de que acho que está frio, o que só serviria para lhe tirar a razão. Ao estabelecer um acordo básico, você cria a oportunidade de ajudar o comprador a adquirir seu produto ou serviço. Se o comprador nunca tiver a chance de ver o que você está oferecendo por causa de uma discordância anterior, você cometeu um erro ao não permitir que ele veja seu produto ou serviço da maneira adequada. Tudo o que você fez foi colocar o foco na discordância, não no seu produto.

COMO ABRANDAR QUALQUER COMPRADOR

Digamos que um cliente lhe dê apenas dez minutos, e você sabe que não consegue fazer sua apresentação nesse tempo. Vi vendedores gastarem esse tempo falando sobre como não podem fazer uma apresentação tão rapidamente. Uma alternativa melhor é aceitar que é o suficiente e ir direto ao ponto. Se iniciar o relacionamento com uma concordância, poderá apresentar seu produto ao cliente potencial. Além disso, perceberá que ele é compreensivo, fácil de lidar e profissional.

Já estive em centenas de situações em que todo o processo começou com o comprador limitando a quantidade de tempo que eu tinha. Amo isso, porque imediatamente digo que o tempo que me ofereceu é mais do que suficiente. Pela resposta do cliente, você poderia pensar que eu simplesmente entrei em uma cabine telefônica e saí voando com uma capa. O comprador me olha como se eu fosse um supervendedor, e sabe imediatamente que está lidando com um profissional. Os clientes me respeitavam pelo fato de eu concordar com eles, não porque eu fosse habilidoso em lidar com suas objeções. O que criou essa resposta ou mudança neles? Não foi uma abordagem complicada e manipuladora, mas minha concordância com suas limitações e o fato de estar disposto a trabalhar com a quantidade de tempo que me ofereciam. Mostro-lhes minha apreciação em vez de discordar.

Antes dez minutos do que nada! Ao concordar com eles primeiro, posso prosseguir com minha apresentação. Nada abrandará mais um comprador do que um vendedor que concorda com ele.

AS PALAVRAS MÁGICAS

Independentemente se o cliente está certo ou errado, é preciso fazê-lo acreditar que está certo, para que não fique tão preso em sua "certeza" a ponto de ser incapaz de mudar de ideia.

Se quiser que as pessoas concordem com o seu ponto de vista, tudo o que precisa fazer é concordar com sua posição, com suas opiniões, e colocar-se no lugar delas por um momento.

Se quiser discutir com alguém, diga-lhe que está errado. Se quiser enfrentar um louco furioso, falando sem parar sobre como ele está certo, apenas discorde dele. Se quiser calá-lo, concorde com ele, e o comportamento maníaco será controlado.

Não há maneira mais fácil de encerrar instantaneamente uma discussão do que concordar com a oposição. Uma amiga minha, casada há dezessete anos, disse que sua fórmula mágica era dizer ao marido: "Você tem razão." Quem pode argumentar contra isso? Quando encerramos discussões tolas, podemos seguir em frente e desfrutar do que realmente importa na vida.

Os problemas de atendimento ao cliente podem ser tratados da mesma maneira. Quando receber uma reclamação, vá em frente e concorde com ela. "Vocês bagunçaram tudo!", grita o cliente. "Concordo com o senhor", diz você. "Deixe-me descobrir como resolver seu problema." Mas se disser que ele está errado, estará apenas adicionando gasolina à sua fogueira de desentendimentos.

Você provavelmente já experimentou esse fenômeno em sua vida. Como exercício, teste com seu cônjuge ou com um amigo. Espere até que eles digam algo e então diga que estão errados. Observe o que acontece. Você acabou de alimentar uma discussão. Para encerrá-la, diga que estão certos! Ao concordar, você acalma a situação e apaga o fogo da discordância. E fim de papo!

Certa vez, disse a um vendedor que queria pagar à vista pelo produto, momento em que ele disse: "Pra que pagar tudo de uma vez? Você deveria financiá-lo." Sua resposta bloqueou meu poder de decisão e diminuiu meu entusiasmo em continuar a fazer negócios com ele. Ao discordar de mim, o vendedor criou uma barreira no que deveria ter sido uma venda fácil. Ele poderia simplesmente ter dito: "À vista está ótimo, senhor." Então, no momento que pegasse meu dinheiro, poderia ter me mostrado o preço à vista e as opções de financiamento, em cujo ponto eu teria, pelo menos, considerado a alternativa como uma possível opção, não como uma "má escolha".

A concordância é o caminho mais rápido para se obter o que deseja! Faça um favor a si mesmo e pratique como concordar com as pessoas. As três palavras mais poderosas que existem são: "Você tem razão!" Duas outras bastante poderosas são: "Eu concordo!"

Concordar com o cliente significa controle para o vendedor, clientes mais felizes e decisões mais rápidas. A concordância cria milagres.

QUESTÕES DO CAPÍTULO NOVE

Qual é a primeira regra da venda?

Quantas pessoas são necessárias para se resolver um conflito?

Para conseguir um acordo, o que você precisa fazer primeiro?

Escreva respostas para as seguintes frases. (Em seguida, veja como lidei com cada comentário.)

"É muito dinheiro."

"Um telhado novo custa muito dinheiro."

"Os quartos são muito pequenos."

"Nunca tomamos decisões precipitadas."

CAPÍTULO DEZ
GANHANDO CONFIANÇA

MOSTRE, NÃO DIGA

Neste capítulo, você descobrirá como ganhar e garantir a confiança total do seu comprador e, assim, aumentar a sua eficácia.

Por causa de um punhado de vendedores antiéticos, que distorcem os benefícios de seus produtos, os clientes podem não confiar completamente em tudo que você lhes diz. Noticiários e jornais estão constantemente publicando histórias sobre fraudes e golpes, o que torna os consumidores céticos em relação aos vendedores. Esse ceticismo os mantêm de sobreaviso e impede que o vendedor conquiste sua confiança, que é fundamental para se obter uma decisão.

Independentemente da causa, é imprescindível estar ciente da falta de confiança do comprador e enfrentá-la. A desconfiança no ciclo de vendas não é problema do comprador, mas seu! Se o comprador não confiar em você ou em sua apresentação, as informações que está oferecendo serão minimizadas, contestadas ou barganhadas. Claro, o comprador tomará uma decisão — ela apenas não será a mais desejada. Quando o comprador decide "pensar sobre isso", não deixa de ser uma decisão, mas infelizmente não é a que você estava procurando.

Um vendedor sempre obtém uma decisão de seus clientes. Sempre! Se eles decidirem pensar sobre isso, você os convenceu a fazê-lo! Você os convenceu a ir para casa e a conversar sobre isso. Se decidirem apresentá-la ao conselho, a culpa é sua!

Quando o comprador não confia no vendedor ou em algo da apresentação, adiciona tempo ao ciclo ao *não* tomar uma decisão de compra. Mesmo se conseguir fechar o negócio, o elemento de desconfiança não tratado quase sempre gerará problemas futuros na entrega e no atendimento ao comprador.

Quando um vendedor entende o que está acontecendo na mente de seu cliente, entra em uma área que apenas um profissional é capaz de explorar. Os pensamentos implícitos do cliente são um campo interessante, no qual você não está mais observando o que o comprador disse, mas sim o que ele *não disse*. Você está observando o que está acontecendo nos bastidores, na mente do cliente. Quando um vendedor está disposto a chegar lá, é nesse ponto que ele deixa de ser um pintor para se tornar um artista! Todos os meus estudos em vendas nos últimos 25 anos envolveram a mente do cliente, não apenas o seu dinheiro.

CLIENTES POTENCIAIS NÃO REALIZAM VENDAS – VENDEDORES, SIM

Como falei, são os vendedores, não os potenciais clientes, que atrapalham as vendas. Entenda também que os clientes em potencial também não as realizam. Isso é função do vendedor. Se a venda acontecerá ou não, depende inteiramente do vendedor, não do potencial cliente.

Para se efetuar uma venda, é preciso entender a mente do cliente. Se não reconhecer como os compradores pensam e o que os leva a responder e a agir, você não será capaz de assumir a total responsabilidade e nunca alcançará todo o seu potencial. Quando entra nessa arena, você está no ramo das pessoas, não dos produtos. Pessoas são governadas por suas mentes. Entenda a mente e entenderá as pessoas.

A maioria dos vendedores tende a culpar seus clientes quando as vendas estão baixas, mas geralmente não o fazem na frente dele. Fazem isso mais tarde, com seus colegas de trabalho. "Ele é incapaz de tomar uma decisão. Não sabe o que quer. Quer mais do que pode pagar. Está apenas desperdiçando meu tempo." E assim por diante! Nunca tolero esse tipo de conversa de qualquer pessoa que trabalha comigo. Esse comportamento indesejado é uma indicação de pouca responsabilidade, e pouca responsabilidade = nenhuma venda.

O vendedor deve assumir a responsabilidade por si mesmo, pelo potencial cliente e por tudo o que ocorrer.

Uma vez, um comprador em uma loja de móveis de varejo disse-me: "Não vou comprar nada hoje." Com um sorriso, respondi: "Senhor, se não comprar nada hoje, será minha culpa, não sua." Ele olhou para mim com um sorriso e disse: "Ótimo. Deixe-me lhe dizer o que estou procurando." O cliente *comprou* de mim naquele dia, e mobiliamos sua casa inteira. Tudo o que fiz foi assumir a total responsabilidade pela venda *e pela compra*. Além disso, entendi que sua declaração anterior foi apenas uma resposta reativa de sua mente, e não realmente uma resposta *dele*. A única coisa que o comprador deve fazer é lhe entregar o dinheiro.

O comprador que diz: "Não vou comprar hoje" está indicando sua falta de confiança nos vendedores ou na sua própria capacidade de tomar boas decisões. É fundamental que você entenda por que o comprador desconfia dos vendedores e por que desconfia dele mesmo. Esses pontos devem ser compreendidos e tratados.

Quando sentir a desconfiança de alguém, saiba que isso não tem nada a ver com a sua pessoa. Você nem disse nada ainda! Talvez a camisa azul que você está vestindo lhe tenha lembrado de alguma experiência ruim que teve. Não sei ao certo, mas o que sei é que se você não resolver isso, não efetuará essa venda!

CREDIBILIDADE = AUMENTO NAS VENDAS

A falta de confiança vai custar-lhe suas vendas! A desconfiança custará credibilidade, e a credibilidade perdida aumentará o tempo e reduzirá suas chances de fechar o negócio.

A credibilidade é um dos ativos mais valiosos que você possui como vendedor. Quando acontece algo que a questiona, fica difícil fazer com que o comprador confie na decisão de fazer negócios com você. Se existe um elemento de desconfiança, não importa o que você diga ou como suplique, implore ou tente convencer, não adianta; então admita que tem um problema e aborde primeiro a desconfiança, antes de realizar o trabalho. Sua credibilidade deve ser restabelecida imediatamente. Ignorar esse problema não o fará desaparecer. Isso tem que ser resolvido! Quando o comprador não confia em você, nenhum argumento, por melhor que seja, o convencerá.

Grandes vendedores entendem a desconfiança do comprador, aceitam total responsabilidade por ela e nunca levam para o lado pessoal.

Sempre presumo que o comprador não confia em uma única palavra que digo a ele. Ele pode desconfiar até do meu nome, e é por isso que crio algo em que os compradores sabem que podem confiar porque podem ver. Quando estou falando sobre o produto, forneço tudo por escrito ou comprovo as informações com materiais impressos. Se estiver dizendo a um comprador que a propriedade tem $4.000m^2$, vou mostrar-lhe a documentação que comprova minha declaração, e isso vai começar a mostrar ao cliente em potencial que sou confiável — que sei o que estou fazendo. Então ele vai dar credibilidade ao que digo no futuro!

AS PESSOAS ACREDITAM NO QUE VEEM, NÃO NO QUE OUVEM

Você já percebeu quando um comprador não o está ouvindo totalmente? Esse fenômeno ocorre porque ele presume que não pode confiar no que um vendedor diz.

As pessoas acreditam no que veem, não no que ouvem. Sempre apresente suas propostas e seus preços por escrito a seus compradores, para que eles possam ver com seus próprios olhos.

Seus clientes potenciais não acreditarão nas palavras que ouvirem, mas acreditarão naquilo que puderem ver. Conte a alguém alguma teoria da conspiração inacreditável e bizarra de que ouviu falar e, em seguida, mostre-lhe o artigo onde você a leu. Se estiver escrita, ficará mais real para ele.

Eu tinha um amigo muito rico e queria fazer com que ele investisse comigo em um negócio imobiliário. Não lhe disse nada sobre a propriedade, o negócio ou o investimento. Não perdi um segundo dizendo-lhe o quanto o investimento era bom, já que ele tinha ouvido isso mil vezes. Liguei para ele e pedi que me encontrasse na propriedade, porque precisava da sua opinião sobre como poderia expandir minha empresa, e queria que ele visse o que eu estava fazendo, para que pudesse me dar os melhores conselhos. *Mostrei-lhe* as propriedades, os inquilinos, a concorrência, as possibilidades. Trinta minutos depois de visitar apenas um dos projetos, ele perguntou se poderia investir!

É preciso fazer disso uma regra pela qual você vende: Suponha que seu comprador, não importa o quanto o conheça, nunca acredita em suas palavras e só acreditará naquilo que você for capaz de mostrar a ele.

Como afirmei anteriormente, existem muitos motivos para a desconfiança, e é necessário saber quais são eles. O mais comum e menos considerado é a própria experiência do comprador com invenções, exageros e enfeites. É preciso presumir que, em algum momento de sua vida, ele mesmo cometeu tal transgressão. Pode ser algo importante ou secundário, como a vez em que ele mentiu para seus pais sobre não se sentir bem, para não ter que ir à escola. Seja o que for, o comprador sabe que outra pessoa é capaz de pequenos exageros ou até mesmo de mentiras, porque *ele mesmo o faz*. Ele acredita que, se fez isso, você também o fará, mesmo que não seja verdade! Independentemente do quanto você seja honesto e íntegro, seu cliente potencial acredita que você é capaz de fazer as mesmas coisas pelas quais é culpado. Essa crença e desconfiança torna-se uma verdade para aquela pessoa, e não adianta tentar convencê-la do contrário.

O elemento de desconfiança aumenta quando seu cliente potencial teve a experiência negativa de ser enganado anteriormente por algum vendedor ou quando teve um claro mal-entendido entre o que foi dito e o que foi prometido. As pessoas passam por mal-entendidos o tempo todo, o que pode levar à desconfiança. Teste este exercício simples para provar meu ponto: Escreva uma pequena história sobre algo que lhe aconteceu e a leia para alguém. Em seguida, peça a ele que a passe verbalmente para outra pessoa. Continue até que, pelo menos, cinco pessoas a tenham ouvido. Peça à última pessoa que volte e lhe conte o que foi dito, e compare com o que escreveu. Garanto que sua história terá mudado. Não por causa de mentiras, mas por ter sido repetida de forma incorreta e pelos mal-entendidos. Se tivesse passado sua história por escrito para cada pessoa, a chance de ocorrerem mal-entendidos teria sido bastante reduzida.

COMO TRATAR A DESCONFIANÇA DO COMPRADOR

A regra para tratar a desconfiança do comprador é sempre usar e mostrar materiais escritos para apoiar sua apresentação e proposta. Ao documentar fatos para seu cliente, prefira usar materiais de terceiros que comprovem o que está dizendo. Lembre-se, as pessoas acreditam no que veem, não no que ouvem.

Sempre escreva o que disse, ofereceu, propôs, prometeu, subentendeu e sugeriu. Toda vez que estiver fechando o negócio, insista em registrá-lo por escrito.

Vejo muitos vendedores fugindo de contratos, pedidos de compras e assinaturas! Por quê? Porque acreditam erroneamente que podem assustar o cliente com uma caneta ou um contrato. Essa é uma suposição ridícula, que não tem base na realidade.

Não se deve entrar em uma operação militar sem equipamentos e suprimentos, e você nunca fechará um negócio sem uma caneta e um contrato! Não há nada a esconder. Você não é um agente secreto ou algum tipo de criminoso que precisa sair às escondidas. Você é um vendedor profissional, que oferece um produto que beneficiará e resolverá os problemas de seus potenciais clientes quando o adquirirem e possuírem.

Ao apresentar seu produto, anote ou mostre por escrito seus benefícios aos compradores potenciais. Se estiver mostrando a eles como seu produto vai melhorar seus negócios, prove usando estatísticas e histórias de sucesso. Eu costumava manter um manual de evidências comigo, mostrando meus fatos e o que outras pessoas disseram depois de fecharmos negócios. As pessoas adoram ver que você está preparado e que acredita em seu produto.

Quando mostrar ao potencial cliente o que sua concorrência fará ou não, prove por escrito. Quando souber que tem o melhor preço, o melhor produto e o melhor serviço, sempre comprove com documentos. Se fizer isso de forma satisfatória, ganhará confiança e reduzirá a necessidade de o cliente potencial barganhar, pensar, pesquisar e conversar com outras pessoas, ao mesmo tempo em que aumenta suas chances de fechar a venda.

É incrível a importância que é atribuída à palavra escrita. E você precisa lucrar com isso. Todos os dias, as pessoas citam coisas que leem no jornal, sem nunca pesquisar os fatos por si mesmas. Elas presumem que, se foi escrito, deve ser verdade! Leem livros na escola e passam o resto de suas vidas acreditando que aquilo é verdade. Um livro escrito há vinte anos trazia na primeira linha: "A vida é difícil." Esse livro se tornou um best-seller, e todos adotaram aquela única linha como verdade, o que é uma bobagem. Essa frase certamente não é verdadeira para mim, e, definitivamente, não é uma frase na qual basearia minha vida. Mas porque foi escrita, as pessoas presumiram que era verdade e a adotaram como sua própria realidade.

Os jornais perpetuam inverdades, e os livros de história estão cheios de erros, opiniões, relatórios falsos, pautas e até mesmo mentiras descaradas. Alguns dos livros mais conhecidos foram escritos muitos anos depois que os eventos ocorreram e muito depois de todos os seus protagonistas estarem mortos. No entanto, se está escrito, as pessoas tendem a acreditar que é verdade! Lembre-se do filme *Jerry Maguire: A Grande Virada*, no qual o personagem interpretado por Cuba Gooding Jr. ficava falando para o personagem de Tom Cruise: "Mostre-me o dinheiro!" Nas vendas, o cliente é Cuba gritando: "Mostre-me os dados!" Este é o ponto aqui: Mostre a prova ao potencial cliente, torne-a real, e ele terá a confiança para comprar.

Com a abundância de informações disponíveis hoje por meio de terceiros, de guias do consumidor, da internet e de outras fontes, seu potencial cliente torna-se ainda mais dependente de fatos para apoiar suas decisões. Os compradores continuarão a contar com essas fontes, então você precisa fazer uso das mesmas fontes para apoiar sua causa e para ajudar o comprador a tomar a decisão certa.

Sempre que estiver apresentando informações sobre produtos, relatórios de desempenho, fatos, dados históricos, informações de comparação, dados de preços, propostas etc., a regra é: *Não diga, mostre*. A indústria automotiva é famosa por não querer dar informações aos potenciais clientes e, por causa desse erro, o setor sofre com alta rotatividade, baixa lealdade, altos custos de publicidade e lucros reduzidos. A premissa era: "Quanto menos eles souberem, melhor para nós!" Nada poderia estar mais longe da verdade. Quanto mais os compradores sabem, mais podem confiar nas informações e mais chances terão de comprarem. Ao oferecer informações por escrito, você descobrirá que venderá mais facilmente, ganhará mais dinheiro e terá clientes mais satisfeitos.

Como vendedor, prefiro compradores informados a desinformados, pelo simples fato de que um comprador informado pode tomar uma decisão e ser tratado com lógica, enquanto o comprador desinformado não pode tomar uma decisão e tende a agir pela emoção. Quando não há fatos, dados e lógica, as pessoas ficam passionais, e, quando isso acontece, podem se tornar irracionais. É normal vender pela emoção, mas é preciso concluir o negócio com lógica, dados e fatos. Um comprador profissional informado vende muito mais fácil do que o não informado. Alguém que não está informado sobre o produto fará uma oferta fora da sua realidade. Isso seria uma oferta emocional, não lógica. É preciso lógica e fatos ao se fechar uma venda, não emoções. Portanto, mantenha as pessoas dentro da lógica, fornecendo-lhes uma validação confiável, em que podem acreditar.

DICAS SOBRE O USO DE INFORMAÇÕES ESCRITAS E VISUAIS PARA FECHAR UM NEGÓCIO

- Nunca venda verbalmente. Sempre mostre documentos.
- Nunca negocie verbalmente. Escreva suas negociações em um papel.
- Nunca feche o negócio verbalmente. Solicite um pedido por escrito do comprador.
- Nunca faça promessas verbais. Coloque-as no papel.
- Quanto mais dados fornecer, melhor. Não tenha medo de usar um monte deles.
- Mantenha suas informações atualizadas.
- Mantenha as informações escritas disponíveis e acessíveis.
- Use dados de terceiros sempre que possível.
- Quanto mais conseguir acessar os dados em tempo real, melhor. Eles são preferíveis aos dados preparados.
- Use dados gerados por computador sempre que possível.
- Tenha acesso à internet disponível para obter os dados na frente do cliente, provando que não foram planejados ou manipulados.

Facilite a pesquisa dos compradores enquanto estão na sua presença, em vez de em casa ou no escritório, quando você não puder estar com eles. Se os compradores quiserem ter suas próprias informações ou pesquisas, incentive-os a buscá-las.

Ao fornecer consultoria a milhares de empresas sobre como melhorar seus processos de vendas, muitas vezes incentivei a área comercial, a administração e os vendedores a disponibilizarem toda a publicidade de seus concorrentes em seus escritórios, para que os compradores não precisem sair em busca do que a concorrência está oferecendo. Em vez disso, eles poderiam fazer isso ali mesmo.

AJUDE-OS A ACREDITAREM EM VOCÊ

As pessoas querem acreditar em você, mas é preciso ajudá-las. Se você tem um bom produto e um bom serviço, faça tudo o que puder em seu benefício, com informações por escrito. Dessa forma, o comprador não precisa confiar em você. Depois que leem o que está sendo dito, eles não têm escolha a não ser acreditar em você.

Estava envolvido na venda de uma propriedade minha de 144 apartamentos, e a gerência local vinha tendo problemas para vendê-los. Decidi visitar a obra e descobrir o que estava acontecendo. Entrei no escritório e pedi-lhes que me demonstrassem o processo, como se eu fosse um potencial cliente. Descobri que não havia lugar para acessá-lo e o preço não estava disponível, porque as planilhas de preços eram mantidas em outro escritório. Não conseguiram me informar as taxas de pagamento e financiamento, e não havia dados disponíveis para explicar o que o produto oferecia. Os preços dos concorrentes não estavam exibidos, e não havia nada para neutralizar as más notícias sobre o bairro nos jornais locais.

Demiti os gerentes de projeto, contratei um novo grupo de pessoas inexperientes, mas motivadas, e certifiquei-me de que tudo estivesse disponível para a equipe de vendas e os potenciais clientes. Vendemos trinta unidades em três meses. Isso representou três vezes as vendas que haviam sido feitas em um ano pelos outros vendedores.

Algumas pessoas desconfiam da profissão de vendedor por causa das ações de alguns criminosos e da omissão de muitos vendedores bem-intencionados, que não entendem esta regra básica de venda: *As pessoas acreditam no que veem, não no que ouvem.* Então, mostre, não diga!

QUESTÕES DO CAPÍTULO DEZ

Liste três razões pelas quais as pessoas não confiam nos vendedores, segundo o autor.

1.
2.
3.

Quem é o responsável por tratar da desconfiança do cliente?

Quando o potencial cliente não confia totalmente no vendedor ou na apresentação, o que ele adicionará ao ciclo?

Dê um exemplo de quando você não confiou no vendedor ou na apresentação e adiou a decisão.

Qual é um dos ativos mais valiosos de um vendedor?

O autor sugere que as pessoas acreditam no que veem, não no que ouvem. Explique.

Quais são as quatro formas de se construir confiança, segundo o autor?
　　1.
　　2.
　　3.
　　4.

CAPÍTULO ONZE

DAR, DAR, DAR

A MÁGICA DE DAR, DAR, DAR

Vender é o ato de dar, não de receber. Servir, não vender. Infelizmente, a maioria dos vendedores está pensando apenas em sua comissão e no que vai conseguir com o negócio, em vez do que vai dar, o que seu produto realmente oferece e como o cliente se beneficiará dele. O velho ditado diz que é melhor dar do que receber, mas, ao vender, a única maneira de receber é dar primeiro.

Acredito que a verdadeira essência da venda não é apenas consegui-la, mas o desejo sincero de ajudar. Também acredito que uma pessoa com consciência do bem maior acabará sendo um vendedor melhor do que alguém que está apenas interessado na sua remuneração.

Acredito, e tenho comprovado isso em minha experiência, que se você se dedicar o suficiente na vida, a vida vai retribuir. O mesmo acontece nas vendas. Não me refiro a oferecer o preço mais baixo ou fornecer produtos e serviços de graça, mas sim dar o máximo de atenção, de energia, a melhor atitude e o mais alto nível de serviço.

Dar, dar, dar é a garantia para vender, vender, vender. Se o seu cliente espera uma opção, forneça-lhe três, seis ou até doze.

Criei um programa de software para varejistas baseado na filosofia dar, dar, dar. O programa chama-se Epencil™ e oferece ao cliente múltiplas opções de diferentes produtos, de forma sucinta e profissional. O Epencil™ tem sido extremamente bem-sucedido no setor automotivo, no qual, por anos, os vendedores estavam inclinados a não fornecer informações ou fornecer apenas informações limitadas. O que apresentei foi um programa em que um cliente que pede informações recebe uma variedade de opções de pagamentos, pacotes e informações de preço, fazendo com que o comprador se sinta atendido, não manipulado. Esse conceito de transformar o ato de dar, dar, dar em uma aplicação real resultou em um aumento dos lucros e das vendas, e em clientes mais felizes para as concessionárias. Ele utiliza plenamente a ideia de que o serviço é superior à venda, e de que dar é superior a receber.

Se alguém me pede uma bebida, eu a pego, abro a garrafa, e entrego-lhe um copo, gelo e um guardanapo. Esse é o ato de dar, dar, dar em ação. Não pergunto se eles querem o copo e o gelo — entrego e deixo para eles decidirem se querem na garrafa ou se preferem que eu derrame a bebida sobre o gelo! Se eu fosse o garçom, não perguntaria se você deseja sobremesa após do jantar. Levaria a bandeja de sobremesas, faria um breve comentário sobre cada uma delas, falaria sobre a minha favorita e o desafiaria a resistir a ela. Posso servir-lhe uma sobremesa sem nunca parecer vendê-la!

Uma amiga contou-me uma história que ilustra a atitude de dar, dar, dar. Ela e o marido estavam saindo de um restaurante em Nova Orleans uma noite, e, quando chegaram à rua, um homem de aparência abatida, com um casaco puído, aproximou-se deles. Ele imediatamente pediu permissão ao marido para fazer uma serenata para sua esposa. Relutante, o marido concordou, e o homem ajoelhou-se diante dela, ali mesmo na calçada, e começou a cantar. Ela disse que a voz incrível e a paixão sincera que vinham daquele sujeito desesperado eram poderosas o suficiente para explodir o vidro de todas as janelas do quarteirão. O homem continuou cantando por dois minutos, derramando seu coração e sua alma naquela música, dando-lhes cada fibra de seu ser. Quando terminou, eles estavam sem palavras. Seu marido entregou-lhe uma nota de US$100. Com lágrimas de gratidão, o homem agradeceu, e correu rua abaixo até um carro velho, onde sua esposa e seus filhos o esperavam. A única coisa que tinha a oferecer era sua voz, e ele sabia que se não a desse naquele momento, sua família não comeria naquela noite. O marido da minha amiga, um vendedor de carreira, disse que ficou tão impressionado com a intenção do homem de dar que ficou em dúvida se US$100 seriam suficientes pelo que recebeu. Aquele homem na rua despejou sua alma na música com a atitude de dar, dar, dar, sem saber se o casal daria alguma gorjeta para ele. Independentemente disso, por aqueles dois breves minutos, ele pertenceu inteira e completamente a eles.

Dê tudo de si a um cliente em potencial, não apenas uma parte sua. Dê toda a sua atenção, toda a sua energia, todas as suas sugestões, todas as suas informações e, então, encontre algo mais para dar! Supere as expectativas e vá até o fim e um pouco mais além com ele. Não economize, dê a si mesmo sem reservas.

Como consumidor ou cliente, não quero ter que pedir nada a um vendedor. Quero que ele me ofereça. Quero que ele preveja o que preciso e o ofereça para mim. Quero receber o que peço e tudo o mais que me ajude a tomar uma decisão. Isso mostra-me que ele quer cuidar de mim, que está pensando como eu e, na verdade, está prevendo minhas expectativas e superando todas elas ao mesmo tempo. Negócio fechado!

AME AQUELE COM QUEM VOCÊ ESTÁ

Sempre preste atenção em seus clientes e fique com eles do início ao fim, sem permitir interrupções. Mostre a cada cliente o quanto ele é importante para você e como é a pessoa mais importante em seu universo. Se puder fazer isso, você será recompensado. Se perseguir dois coelhos ao mesmo tempo, ambos escaparão. Comprometa-se com quem você está o tempo todo. Atenda a suas chamadas e responda a seus e-mails mais tarde, e nunca permita interrupções.

Comprometa-se totalmente com aquela oportunidade, com aquele cliente, e deixe-o saber disso! Dê tudo de si a seus clientes, e eles saberão que você estará com eles o tempo todo. Independentemente de eles receberem ligações ou de o interromperem, mantenha o foco na pessoa com quem está. Muitas vezes, as pessoas se sentem negligenciadas na vida. Então, não deixe que elas tenham essa experiência com você. Mostre-lhes total atenção, do início ao fim! Dê, dê, dê toda a sua atenção ao seu cliente, e não pare até conseguir o negócio!

Tenha como meta dar 100% de sua atenção, independentemente da qualidade do cliente em potencial ou das chances estimadas de fechar o negócio. Os seres humanos são muito mais valiosos do que o dinheiro. Trate-os assim e você será recompensado.

No negócio de vendas, você tem que estar disposto a servir as pessoas, não apenas a vender para elas. Para uma empresa sobreviver e prosperar, deve servir e ajudar as pessoas, não apenas vender produtos. Isso significa cuidar dos clientes e ir além de suas expectativas. Os melhores vendedores que já conheci não eram aqueles que falavam rápido, mas os mais orientados ao atendimento. Os profissionais que mais se importam são os que vão além para encontrar maneiras de melhorar a vida do cliente.

VOCÊ É UM HOLIDAY INN OU UM RITZ-CARLTON?

Como vendedor, você é um Holiday Inn ou um Ritz-Carlton? Seja honesto consigo mesmo e verá porque está recebendo o que quer que esteja ganhando atualmente. Se a maioria de seus clientes está questionando seus preços, então seu nível de serviço não está óbvio para eles. Caso contrário, seu preço seria irrelevante, porque eles valorizariam o atendimento que lhes oferece.

Certa vez eu estava com 1.700 apartamentos à venda. Havia corretores imobiliários enfileirados ao redor do quarteirão, implorando para ficar com as vendas, mas nenhum deles conseguiu porque eu não confiava que eles me atenderiam da maneira que eu queria. Dei o negócio para a pessoa que eu conhecia e confiava e, na verdade, paguei dobro do que pagaria a qualquer outra agência. Eu o escolhi porque realmente acreditava que poderia contar com ele para me dar os melhores conselhos e fornecer o melhor serviço. O agente que escolhi era alguém em quem confiava e a quem estava disposto a pagar mais. Por que eu faria isso? Porque, como a maioria das pessoas, não quero o melhor negócio, quero o melhor serviço, o melhor produto e a melhor representação. Quero saber que você estará lá para me servir, não importa o que aconteça. Quero saber que não haverá drama e conflitos desnecessários e, se houver, quero saber que você vai resolvê-los.

Vender é ajudar as pessoas, não apenas vender para elas. Se gosta de ajudar as pessoas e está disposto a aperfeiçoar os outros pontos que estou sugerindo aqui, você será ótimo. Muitos vendedores que conheci, que poderiam ter sido grandes vendedores, infelizmente foram corrompidos por outros que os levaram a acreditar que deveriam confiar em truques e fraudes. Não é preciso enganar ou trapacear para vender. Basta estar disposto a servir e ajudar as pessoas antes de conseguir o negócio. Quanto mais você for capaz de demonstrar essa atitude dedicada ao serviço, mais fácil será seu trabalho. E acredite em mim, não importa o quanto sirva a alguém, você ainda terá que estar preparado para perguntar: "Será em dinheiro, em cheque ou em cartão de crédito?"

O serviço é o único caminho em direção a preços mais altos e a menos concorrência. Um vendedor preso em um constante conflito de preços nunca vai concordar com o meu ponto, porque ele acredita que o preço é a solução. Mas isso não é, nunca foi e nunca será verdade. O serviço é a solução! Um produto melhor não é a solução, porque, mais cedo ou mais tarde, alguém terá produtos semelhantes ou melhores e os venderá a um preço inferior.

Um comprador pagará mais por um ótimo serviço, uma ótima atitude, facilidade de compra, conveniência e o fato de ter se sentido especial. Veja como você pode criar um nível de serviço que o diferencia dos outros. Ir até o cliente em vez de esperar que ele venha até você é serviço. Oferecer opções é uma forma de fornecer um serviço ao cliente. Enviar presentes, flores, notas ou apenas aparecer para dizer olá é serviço. Um grande sorriso, toda a sua atenção e uma grande atitude são serviços. Não há valor real em preços mais baixos. O que eu ganho por cobrar mais barato? Apenas menos dinheiro e menos serviço. Posso conseguir um quarto no Holiday Inn por uma fração do preço de um quarto no Ritz. O que eu ganho por economizar US$400? Um quarto mais barato, serviço mínimo e atitudes do tipo "Não me importo". Qual é a diferença entre um quarto de US$500 e um de US$80? O serviço!

Você não precisa ir muito longe para encontrar empresas que são conhecidas por excelentes serviços e preços mais altos. As pessoas até se gabam de pagarem mais para fazer negócios com eles. Veja serviços como Tiffany, Ritz, Four Seasons e American Express Centurion. Existem salões de beleza sofisticados, nos quais os cortes de cabelo custam US$700, mas eles não estão vendendo cortes de cabelo — estão prestando serviços excelentes.

Isso não é diferente para um vendedor. Se você elevar seu nível de serviço acima do resto do mercado, seus clientes vão parar de comprar pelo preço. Quanto você está disposto a se curvar para garantir que seus clientes fiquem satisfeitos?

Certa vez, participei de um seminário como vendedor em que o palestrante disse que nunca deveríamos ligar e perguntar ao cliente como o produto estava funcionando, porque isso abriria a oportunidade para ele reclamar de algum problema. Enquanto o público concordava, fiquei ali sentado, discordando completamente. *Se meu cliente estiver tendo um problema, quero ser informado para poder lidar com isso.* Problemas e insatisfações são minhas oportunidades de brilhar, de me destacar e de vender novamente. Não é um problema do departamento de serviços, é um problema do meu cliente, e quero cuidar disso para ele.

Dica: Problema = Oportunidades para Vendas Futuras.

O SERVIÇO É SUPERIOR À VENDA

Nenhuma campanha publicitária ou relações públicas pode compensar um serviço ruim. Duas vezes por ano, minha esposa e eu saímos para comprar roupas novas, e uma vez decidimos ir a uma grande loja de departamentos em nossa vizinhança, que recentemente havia começado a promover uma nova imagem de atendimento pessoal e satisfação do cliente. Depois de vinte minutos andando pela loja, ninguém nos cumprimentou. Nem mesmo para dizer um olá! Foi inacreditável. Éramos dois compradores qualificados, com a intenção de comprar algo, e não havia nem sequer uma pessoa disposta a nos ajudar ou mesmo a reconhecer que estávamos lá. O que essas pessoas estavam pensando? Saí daquela loja furioso e jurei que nunca mais voltaria lá. Jamais perderia outro minuto do meu tempo naquele lugar. Teria sido mais fácil roubar a mercadoria do que a comprar ali. Quando cheguei em casa, abri meu e-mail e o que encontrei? Um convite elegante, da mesma loja de departamentos, chamando-me para fazer compras em sua grande liquidação!

O serviço é sempre superior à venda — sempre. Uma das melhores pessoas que conheço, exemplo de alto nível de serviço, é meu amigo Gavin Potter. Embora considere Gavin um amigo, ele me vende constantemente a ideia de contribuir com dinheiro para projetos para os quais levanta fundos. Eu o considero um amigo e não um vendedor por causa do serviço extraordinário que ele me presta. Ele é um vendedor incrível, mas, além disso, é dedicado a altos níveis de serviço e totalmente convencido de sua causa. Seu comprometimento com seu propósito e sua dedicação a altos níveis de serviço são o que o torna grande. Um sem o outro resulta em mediocridade. Gavin carregou os dois cartuchos: serviço e propósito. Garanto a você que se Gavin fizesse suas estatísticas, descobriria que suas vendas aumentam com cada ação dedicada aos serviços que ele realiza. Ele sabe que o serviço é superior à venda, e é por isso que tem sua própria categoria como vendedor.

Se você incorporar essas simples verdades sobre dar e fornecer serviços impecáveis, garanto que se tornará um mestre em seu negócio. Terá a certeza de que nenhum valor poderá ser atribuído a elas, e que isso tudo vale mais do que o próprio dinheiro. Será capaz de determinar seu preço, ir aonde quiser, trabalhar com quem quiser, vender quaisquer produtos que decidir vender e assegurar a você e à sua família elementos com que a maioria das pessoas apenas sonha! Também experimentará um estilo de vida que pouquíssimas pessoas realmente têm — livre de estresse, de preocupação e de problemas. Então dê, dê, dê o máximo de si mesmo e forneça níveis incomparáveis de serviço!

QUESTÕES DO CAPÍTULO ONZE

Em suas próprias palavras, o que o autor quer dizer quando escreve: "Vender é o ato de dar, não de receber. Servir, não vender"?

Quais são as quatro coisas que você poderia oferecer além do menor preço, produtos ou serviços?

    1.

    2.

    3.

    4.

Dê quatro exemplos reais de como você dá algo sem lhe custar nada.

    1.

    2.

    3.

    4.

O que o autor quer dizer quando diz que você deve amar aquele com quem está?

O que você precisa melhorar imediatamente para ser considerado um Ritz-Carlton?

    1.

    2.

    3.

    4.

Qual é o único caminho em direção a preços mais altos e a menos competição?

CAPÍTULO DOZE
VENDER AGRESSIVAMENTE

A VENDA AGRESSIVA

Dizem que é preciso perguntar a alguém cinco vezes antes de receber um sim. Não sei se isso é verdade, mas sei que a maioria das pessoas não vai comprar sem que alguém peça para que ela faça isso, e as pessoas nunca dirão sim a quem para de perguntar. Por experiência própria, no momento em que você para de perguntar, o negócio está morto.

Também tenho notado que a maioria das pessoas não vai apenas lhe dar o dinheiro sem você pedir, persistir e estar disposto a "vender agressivamente". Não estou falando sobre pressionar o comprador. Estou falando sobre estar disposto a chegar àquele ponto no qual todos ficam um pouco desconfortáveis. O vendedor deve estar disposto a permanecer no negócio e a persistir até o fim porque acredita, no fundo, que esse é o produto ou o serviço certo para o comprador. Ele deve estar disposto a persistir mesmo quando ficar pesado, difícil ou desconfortável. Isso é o que chamo de "venda agressiva".

Certa vez, um comprador me disse: "Grant, você está me pressionando." Expliquei, rebatendo a ideia: "Senhor, você está confundindo com pressão minha crença e paixão por saber que este é o produto certo para você e sua empresa. Por favor, não interprete mal meu entusiasmo. Vamos fechar esse negócio."

Quando atinge o status de "venda agressiva", você se convence de que sua empresa ou produto é a única resposta e qualquer outra escolha seria um péssimo serviço. Ao atingir a "venda agressiva", você tem certeza de que seu serviço é superior ao de qualquer pessoa em qualquer lugar e, em última análise, a única escolha certa para seu cliente, e insiste nisso por causa dessa crença. Por acreditar nisso tão profundamente, você está disposto a permanecer no negócio, mesmo quando se tornar desconfortável e as pessoas reclamarem, darem desculpas e se tornarem difíceis.

Uma das melhores vendedoras que conheço se chama Charmaigne. Como arrecadadora de fundos em tempo integral e mestre dedicada, Charmaigne não vende um produto tangível. Em vez disso, arrecada dinheiro para a caridade, a fim de ajudar pessoas ao redor do mundo. Certa noite, ela me ligou querendo conversar. Concordei, mas deixei claro que não doaria mais, porque já havia feito minhas doações anuais. "Sim, sem problemas", disse ela. "Liguei para ver se posso passar por aí para batermos um papo." Ela veio, conversamos um pouco, e então me pediu para pensar sobre doar mais. Respondi de maneira inflexível: "Não! De jeito nenhum! Já disse que doei tudo o que pretendia durante o ano. Agora chega, Charmaigne!" Sem se abalar com a minha explosão, ela olhou para mim com um sorriso e disse: "Grant, a única razão pela qual você está agindo assim é que sabe que não fez o suficiente." Eu não podia acreditar em sua audácia em me manipular usando minhas próprias palavras! Depois de me recuperar do choque inicial, comecei a rir e fiz o que todas as pessoas fazem quando estão vendidas — doei mais. Charmaigne é dedicada à sua causa, o que a torna uma mestre na arrecadação de fundos. Ela poderia ter sido "educada" e ido embora quando comecei a gritar e as coisas ficaram desconfortáveis. Mas não fez isso. Ela ficou e se aproximou ainda mais. A disposição em ficar e persistir mesmo quando o potencial cliente se torna barulhento é o que separa o profissional do amador, que fecha negócios aleatoriamente.

Se não acredita realmente que seu produto trará mais prazer, benefício ou segurança ao comprador do que os números que ele tem no banco, então você nunca será um grande vendedor e nunca entenderá completamente o conceito de "venda agressiva". Se realmente acredita e aprende como negociar, um dia saberá o que significa vender agressivamente. Essa é uma forma de arte!

A FÓRMULA PARA VENDER AGRESSIVAMENTE

Existem apenas duas coisas que podem levá-lo a ser um verdadeiro profissional agressivo de vendas:

1. É preciso acreditar que o que está oferecendo é a coisa certa para o cliente em potencial.

2. É preciso estar treinado para permanecer no negócio, *não importa o que aconteça*. Deve-se estar armado com um arsenal para lidar com atrasos, reações emocionais e objeções. Meu programa de negociação é essencial para fornecer-lhe a tecnologia necessária para dominar as vendas agressivas. Visite www.GrantCardone.com [conteúdo em inglês].

NEGOCIAR É COMO SEGUIR UMA RECEITA DE BOLO

Não há como evitar o fato de que é necessário saber o que dizer e soar natural. Isso significa que você precisa dar respostas mecânicas e seguir um formulário para lidar com uma objeção específica? De forma alguma! É como uma receita de bolo. São necessários alguns ingredientes, combinados em uma certa ordem e colocados no forno a uma certa temperatura, por um determinado período. Faça exatamente de acordo com a receita e terá o resultado esperado. Mude apenas uma coisinha, e tudo desanda. Quanto mais prática tiver em lidar com objeções, mais natural parecerá. É como a avó que faz um pudim sem nem olhar a receita. Ela fez isso tantas vezes ao longo dos anos que não precisa mais ler a lista de ingredientes. Simplesmente sabe o que fazer — e seu pudim fica sempre perfeito. O mesmo acontece ao lidarmos com objeções e fecharmos um negócio. Não há nada de errado em treinar o que dizer e como lidar com certas situações.

Se estivesse em uma coletiva de imprensa, certamente treinaria e praticaria o que dizer. Pensaria em como sua abordagem seria percebida e o efeito que ela poderia criar antes de divulgá-la. Basta fazer a mesma coisa e se preparar para se tornar um negociador profissional.

É preciso praticar como lidar com objeções e atrasos para persistir de forma inteligente através da resistência. Pratiquei isso diariamente por anos. Todas as manhãs me reunia com outro vendedor e praticávamos todas as possíveis situações que poderíamos encontrar naquele dia. Esse treinamento me transformou em uma arma letal nas negociações. Se não pode fechar, você perde.

Fiz isso em muitos setores diferentes, apenas para descobrir que todas as objeções são semelhantes, e as técnicas de negociação passam de um setor para o outro. Se não puder persistir no negócio por falta de material, você nunca alcançará o nível de venda agressiva! Se não aprender a vender agressivamente, não chegará ao nível dos grandes!

Já sugeri que descubra como lidar com as situações. Não quero que pareça chocado ou surpreso ou tenha que correr para algum lugar e descobrir o que fazer. Não quero que vá para casa e pense no que poderia ter feito diferente — deixe isso para os amadores. Para ser um profissional, com resultados profissionais, é preciso saber o que fazer e dizer em cada situação.

Grave-se em vídeo e aperfeiçoe suas técnicas. Gravei a mim mesmo todos os dias e observei meus gestos, os movimentos de minhas mãos e até mesmo minhas respostas emocionais. Ao longo do dia, anotava todas as objeções que ouvia e, no dia seguinte, juntava-me a um colega e praticávamos como lidar com elas até ficarmos satisfeitos. Exercícios e prática aumentam a confiança. Você já está fazendo isso agora, quer saiba ou não, mas está fazendo isso para criar hábitos ruins, não bons.

FICAR DE PÉ É PARA OS PERDEDORES, UM NEGÓCIO SE FECHA SENTADO

Já vi vendedores negociarem de pé, o que é um erro comum. Eles ficam ali, conversando sobre preços, planos de pagamento, programas, garantias e benefícios, e, ao fazê-lo, estão apenas conversando, não demonstrando. Não é de admirar que não estejam fechando negócios! Estão falando muito, sem usar ferramentas para estabelecer sua credibilidade. Lembre-se de que seu comprador acreditará no que vê, não no que ouve! Falar e dizer não fecham negócios. Isso não dá ao vendedor a menor chance de negociação!

Você quase nunca fecha um negócio se estiver de pé. Peça aos seus clientes para se sentarem e mostre-lhes o que pode fazer por eles. Apoie suas ideias com fatos que possam ser vistos e comprovados. Fique de pé para andar, sente-se para fechar negócios. Então, sente-se com seu cliente e coloque seu comprador em uma posição de negociação. *"Sente-se aqui, senhor, e deixe-me MOSTRAR os fatos sobre o produto."* Não os apresente, mostre-os. Quando estiver fazendo uma proposta, peça ao comprador para se sentar e anote fatos e números. Discurso verbal é perda de tempo e esforço, e quase nunca resulta em negócio. Então, sente-se com o comprador e mostre a ele o que você tem, e esteja preparado para vender agressivamente a fim de fechar o negócio.

QUESTÕES DO CAPÍTULO DOZE

Como "vender agressivamente" a alguém difere de pressionar alguém a comprar?

Qual é a melhor maneira de lidar com alguém que sugere que você o está pressionando?

Quais são as duas coisas das quais você precisa se convencer para alcançar o status de venda agressiva?

    1.

    2.

Qual é a fórmula da venda agressiva?

    1.

    2.

Quais são as três sugestões que o autor dá para aprender a vender agressivamente?

    1.

    2.

    3.

CAPÍTULO TREZE
GRANDES ATITUDES

TOME GRANDES ATITUDES

A maioria das pessoas estima incorretamente a quantidade de esforço necessária para obter os resultados desejados. Quando se trata de tomar uma atitude, nunca pense em termos de equilíbrio. Sempre pense em termos de muitas atitudes. Suponha que mais é melhor e menos é nada. Seja o que for que você pense que precisa fazer para concluir o trabalho, aumente a quantidade muito mais do que acha que é necessário, e obterá resultados além de suas expectativas mais altas.

Nunca deixe qualquer pessoa o convencer, com baboseiras e lenga-lenga, de que você precisa de "equilíbrio" em sua vida ou que deve "parar de se esforçar" e "viver o momento". Esse conselho é dado por aqueles que aparentemente desejam que você tenha uma vida medíocre, e eles não têm nenhuma evidência para substanciá-lo como valioso. Quanto mais trabalho realizo, melhor me sinto. Quanto menos faço, mais cansado me sinto. Quando se trata de obter grandes resultados e se tornar um grande sucesso, você deve tomar atitudes nessa direção, em grandes quantidades. Não há maneira de contornar isso.

Para mim, quanto mais atitude, melhor! Adoro realizar coisas, e aposto que você também! Amo a satisfação que sinto ao realizar uma tarefa. Sou mais feliz quando estou produzindo e criando. Gosto mais de trabalhar no meu quintal do que de deitar no meu sofá.

Se você deseja chegar a qualquer lugar na vida, precisa agir. Se quiser fazer uma viagem, tem que abastecer e depois acelerar o carro na rodovia. Se quer construir uma casa, tem que cravar pregos e despejar concreto. Se quer ganhar na loteria, precisa comprar um bilhete. Para obter resultados, é preciso tomar atitudes! A quantidade de sucesso que você tem é limitada pela quantidade de atitudes que toma. Fique longe das pessoas que lhe dizem para parar de trabalhar tanto e sugerem que deve relaxar e ir com calma. Você pode ir com calma depois de conseguir o que deseja. Por enquanto, tome grandes atitudes.

Tomei uma grande atitude em minha vida, e continuei fazendo isso até que se tornou um estilo de vida, uma disciplina. Será que sou um maníaco? Certamente não penso assim, e posso dizer que estou vivendo uma vida que ninguém em toda a minha ascendência jamais experimentou. Você acha que um homem é eleito presidente dos Estados Unidos sem tomar grandes atitudes para garantir isso? Você acredita que Tiger Woods não tomou uma grande atitude para se tornar o maior jogador de golfe do mundo? Woods supera todos em seu campo e, por causa de sua dedicação às grandes atitudes, atingiu níveis que outros nunca sonharam. Para se tornar presidente em sua área, você terá que estar fora de equilíbrio, totalmente focado e dedicado, acompanhado de uma quantidade enorme de atitudes.

OS QUATRO TIPOS DE ATITUDE

É impossível tomar atitudes suficientes na vida. Podemos tomar apenas algumas. Muita atitude nunca vai lhe trazer problemas. Na verdade, tomar atitude é a maneira de *resolvê-los*. A única vez que a atitude lhe causará problemas é quando não houver nenhuma ou quando não houver o suficiente.

Já foi dito que existem três tipos de atitude na vida:

1. A atitude certa
2. A atitude errada
3. Nenhuma atitude (que sempre resultará em nada)

E, no meu mundo, existe um quarto tipo de atitude:

4. A grande atitude! É por ela que eu vivo!

O quarto tipo de atitude, a grande, é de longe a ferramenta de maior sucesso que já tive na vida. Isso resultou em mais sucesso para mim do que qualquer outra coisa que já fiz. Quando alguém me pergunta o que fez mais diferença na minha vida, deixo claro — minhas grandes atitudes. Mesmo quando não tinha ideia do que estava fazendo, fui em frente e tomei uma grande atitude. Se quisesse um empréstimo para um imóvel, sempre recorria a três ou quatro financiadores. Quando comprei um imóvel, dei lances em mais de uma propriedade. Quando dou uma festa, convido muitas pessoas e repito os convites. Quando acabo de enviá-los, pego o telefone e continuo ligando até ter garantido uma grande festa. Não gosto de festas pequenas. Gosto delas grandes e barulhentas, com muitas pessoas. Prefiro ter muito do que pouco. Uma vez eu dei uma festa em minha casa e recolhi 2.500 copos plásticos ao final dela! Esse sim é o sinal de uma verdadeira festa! Eu nem conhecia metade das pessoas que estavam lá. Você já ouviu o ditado: "Quem não arrisca não petisca?" Eu digo: "Pense grande, não aceite qualquer coisa!"

GRANDES ATITUDES = NOVOS PROBLEMAS

Observo vendedores darem alguns telefonemas, enviar alguns e-mails e, em seguida, fazerem uma pausa para o café e fofocarem sobre as últimas notícias no jornal local. Depois, eles se sentam e conversam sobre como o negócio está lento e como as ligações e a prospecção não trazem resultados.

Se você já trabalhou com ligações telefônicas como eu, sabe que isso não funciona. É a pessoa *ao* telefone que está trabalhando. Nunca me sento para fazer uma ligação. Nunca! Quando me sento para usar o telefone, faço isso com persistência suficiente e com uma voracidade tão grande que tenho a garantia de obter algo em troca de minhas atitudes.

Se são reuniões que você deseja, tome grandes atitudes até que sua preocupação não seja mais se você as conseguirá ou não, mas como você pode lidar com todas as que tem. A quantidade certa de grandes atitudes deve resultar em novos problemas.

Um dos meus objetivos no meu negócio de seminários é vendê-los a ponto de não haver cadeiras suficientes para acomodar os participantes. Essa meta sempre preocupa meus vendedores, porque eles não querem que os clientes fiquem chateados por não terem uma cadeira para sentar depois de pagarem US$800 por um ingresso. Esse é um problema novo e bom para se ter! Um dos meus vendedores argumentou que isso não era justo com o público. Eu disse: "Manda ver, sem medo! Encha o local até o ponto em que as pessoas não tenham um lugar para sentar e eu vou lidar com as consequências." Não se preocupe com as coisas erradas. Se fizer isso, jamais vai conseguir o que deseja. Você nunca perderá por fazer muito, mas sempre perderá se fizer pouco.

Quando se trata de atitude, seja grande, ousado e vá além. Isso é a *única coisa* que garantirá resultados. Não negocie com pequenos números e pequenas atitudes. Negocie com grandes números e grandes volumes de atitude. Pense grande, não aceite qualquer coisa.

Quando eu era um jovem vendedor, era rude (minha esposa diz que ainda sou), mas nunca deixei que isso me impedisse de tomar uma atitude. Quando não se é perfeito e polido, a única maneira de compensar isso é tomando muitas atitudes. Você descobrirá que, quando conseguir um volume suficiente, não precisará ser perfeito. Você nunca será polido nessa carreira se tiver apenas um punhado de oportunidades. Quanto mais atitudes tomar, mais negócios terá e melhor se tornará em seu trabalho.

Se você tiver o azar de ser um daqueles tipos polidos e profissionais, ainda precisará tomar grandes atitudes para chegar aos níveis mais altos de produção. Digo "azar" porque conheci muitos vendedores veteranos que estão por aí há anos, são muito profissionais e conhecem seu negócio, mas têm uma atmosfera em torno de si que diz que são superiores aos outros e não precisam continuar aprendendo, mudando e tomando atitudes. Acorde! É preciso muita atitude, não aperfeiçoamento, para conseguir o que deseja na vida! Ninguém vai pagar pelo que você sabe. Eles vão pagar pelo que você faz.

PRODUÇÃO GERA FELICIDADE

A maioria das pessoas não obtém o suficiente na vida apenas porque nunca faz o suficiente para isso! Produzir faz as pessoas se sentirem bem. Quase não importa o que você está produzindo, contanto que seja algo construtivo. Decida produzir algo, e produza em grandes quantidades, e você vai vencer na vida. Produção resulta em felicidade. Essa é uma verdade fundamental em todos os grupos religiosos, econômicos e étnicos neste planeta. As pessoas se sentem melhor quando estão produzindo, e quanto mais produção geram, melhor se sentem. O dinheiro pode não deixar as pessoas felizes, mas a produção sim. Nas palavras do Dr. Michael DeBakey: "O homem nasceu para trabalhar duro."

Em vendas, uma grande atitude é a única coisa que lhe garantirá mais sucesso do que qualquer outra! Se quiser garantir X, tome grandes atitudes que vão lhe proporcionar X em abundância. Seu problema não será mais como conseguir uma abundância de X. Em vez disso, será como gerenciá-la.

Grandes Atitudes = Novos Problemas. É neste ponto que você sabe que está fazendo o suficiente.

Jogue uma pedra em um lago e ela criará ondas cada vez maiores. Cerque um lago com argamassa e continue cercando, e você criará um lago enorme. Todos ao redor conferirão o que você está fazendo.

Ao tomar grandes atitudes suficientes, algo será mudado, algo será criado, e os resultados serão alcançados. Na área de vendas, grandes atitudes são como uma escada para o céu, onde os deuses das vendas o louvarão com troféus, viagens, recompensas e a garantia de novos níveis de receita! Seus colegas vendedores, no entanto, podem louvá-lo apenas com críticas, dizer-lhe que está trabalhando demais e dar-lhe conselhos gratuitos como: "Vá mais devagar — sinta o perfume das rosas." Ignore-os e considere seus comentários repressivos como um sinal de que você está no caminho certo. Continue a adicionar lenha à sua fogueira. Todo fogo exige combustível constante, e o sucesso nas vendas exige mais atitude.

Qualquer um que disser que você está trabalhando muito não está trabalhando o suficiente. Infelizmente, essas pessoas perderam a esperança de ter uma vida extraordinária. Elas são, na melhor das hipóteses, medíocres, e se esqueceram dos sonhos que costumavam ter. Tome grandes atitudes até obter novos problemas, ponto em que obterá novos níveis em seus resultados de vendas. Não desista até ter novos problemas — como impostos, carros, casas e aonde ir nas férias.

A REGRA 10X

Se quer uma coisa, tome uma grande atitude igual a, pelo menos, *dez vezes* o que acha que será necessário para garantir que você a conquiste. Se fizer isso, não terá que esperar, desejar, cruzar os dedos ou orar pelo que deseja. O que você deseja — e muito mais — chegará até você quando a quantidade certa de atitude for tomada!

Certa vez, um vendedor contou-me sobre a má sorte que estava tendo. Sua reunião foi cancelada, um comprador desistiu, outro cliente teve que alterar seu pedido, e assim por diante. Disse a ele que seu problema não era má sorte ou infortúnio. Ele apenas não tinha se preparado o suficiente. Sugeri que se ele tomasse dez vezes mais atitudes do que vinha tomando, não teria tempo para remoer esses pequenos contratempos e teria realmente ficado feliz por alguém ter cancelado, pois teria sido um alívio em vez de um problema.

Se você tiver tomado atitudes suficientes e estiver obtendo resultados, então não é grande coisa quando uma reunião é cancelada ou um comprador desiste. Na verdade, você apreciará o cancelamento ocasional, pois aumentará sua capacidade de atender a todos em sua programação. Mas se você estiver tomando apenas pequenas atitudes, cada vez que perder um negócio, toda a sua atenção será desviada para o chamado infortúnio e para a perda, porque não haverá nada para substituí-lo. Você colocou muita atenção em muito pouco. Coloque sua atenção no que é grande para garantir que você não se contente com pouco.

AJA COMO UM LOUCO

Um colega meu me viu ligar para um cliente quinze vezes em três dias, sem que o cliente retornasse minha ligação. Será que me excedi? Eu não acho. Quando quero que algo seja feito, continuo tomando atitudes até conseguir o que desejo. Nunca seja razoável quando se trata de tomar uma atitude. Apenas tome mais atitudes ainda. Torne-se um maníaco com a quantidade de atitudes que você toma para realizar o trabalho.

Um agricultor deve plantar muito mais do que pode comer para que, se ocorrer uma seca ou escassez, ele ainda possa cuidar de sua família e de seus vizinhos. Um corretor de imóveis que deseja obter uma lista de propriedades deve ligar para centenas de pessoas para conseguir apenas uma e provavelmente terminará com muitas. Se quiser reuniões, ligue para todos os amigos que tiver e para todos os clientes anteriores. Aborde pessoas nas ruas, se isso for necessário. Pareça um maníaco com a quantidade de atitudes que você toma, até que se torne um hábito, um modo de vida e algo normal para você. Quando estiver no topo do sucesso, as pessoas falarão sobre o quão bem-sucedido sempre souberam que você seria, em vez de como você era louco. Em pouco tempo, você estará repleto de reuniões, vendas e sucesso.

Aja como um louco em relação às atitudes e seja completamente irracional sobre o que você acha que será necessário para realizar o trabalho. Torne-se insano, ilógico ou irracional quando se tratar de tomar grandes quantidades de atitude e você alcançará alturas que outros nunca sonharam ser possíveis. Grandes atitudes primeiro equivalem a novos problemas, mas depois equivalerão a grandes vendas.

QUESTÕES DO CAPÍTULO TREZE

Qual é a única coisa que o autor afirma que a maioria das pessoas estima incorretamente para obter os resultados que deseja?

Escreva um momento em que você subestimou a quantidade de esforço necessária para atingir uma meta e o quanto a subestimou.

Quais são os quatro tipos de atitude?
   1.
   2.
   3.
   4.

O que uma pessoa experimentará imediatamente ao tomar uma grande atitude?

O autor diz que a maioria das pessoas nunca consegue o suficiente na vida porque... (termine a frase.)

O que é a Regra 10X?

CAPÍTULO QUATORZE

A BASE DE PODER

DESENVOLVA SUA BASE DE PODER

Vendedores tendem a colocar sua atenção em vender para pessoas que não conhecem e ignorar as que conhecem. Empresas fazem propaganda para pessoas que não conhecem e para quem ainda não venderam, e até para pessoas que nem mesmo estão interessadas em seus produtos. Os vendedores esperam por pessoas que não conhecem e até ligam para elas, enquanto ignoram completamente suas conhecidas linhas de influência. Esse é um dos princípios básicos mais violados e negligenciados pelos vendedores em suas carreiras.

Todo mundo tem uma base de poder em sua vida, na qual as coisas são familiares e conhecidas. Normalmente, ela começa com a família e com os amigos. Quase todo mundo tem um lugar no qual existem elementos de entendimento, de compreensão, de segurança, de proteção e de força. A venda mais fácil que fará na vida será aquela feita para as pessoas que já o conhecem, confiam em você e querem ajudá-lo. Todo mundo tem uma base de poder, ou um fã-clube. Não a ignore. Desenvolva-a, use-a e extraia ouro dela.

Sua base de poder é composta de pessoas que ficarão felizes em ouvi-lo e querem saber o que você está fazendo. Uma das maneiras mais rápidas de não chegar ao poder em sua carreira é abandonar aqueles que o amam, cuidam de você e têm algum interesse em sua vida. Portanto, ninguém precisa construir uma base do zero. Todo mundo conhece alguém.

Tive um cliente que comprou muitos produtos de mim, e acabamos nos tornando amigos. Eu liguei para ele um dia e disse: "Venha aqui agora. Preciso lhe mostrar uma coisa." Ele me perguntou o que eu estava fazendo e repeti: "Venha aqui o mais rápido que puder." Assim que ele apareceu em meu escritório, saquei o pedido de compras e disse-lhe para assiná-lo. Ele perguntou: "Assinar? Mas eu nem sei o que estou comprando." Assegurei a ele: "Não se preocupe com isso. Eu nunca o enganaria e garanto que você vai ficar satisfeito." Ele assinou o pedido, apresentei-lhe o produto, e ele se apaixonou! Simples assim. Vendi-lhe algo em que ele não estava interessado e não sabia que precisava, e foi uma das vendas mais fáceis da minha vida. Você pode fazer esse tipo de coisa com sua base de poder. Pense em você como o centro da base, e quanto mais próximo dele estiver, mais fácil será a venda.

COMO CRIAR SUA BASE DE PODER

A primeira coisa que você precisa fazer é uma lista de sua base de poder. Ela inclui, mas não está limitada a, amigos, familiares, colegas de empregos anteriores, empregadores anteriores, clientes atuais e anteriores, membros de clubes, vizinhos, membros de organizações às quais você pertence, membros de sua igreja e, acredite nisso ou não, até mesmo pessoas que não gostavam de você no colégio.

Quem são, onde estão, como entrar em contato e o que dizer a eles? Essa é a parte mais fácil. Apenas diga-lhes o que está fazendo. Primeiro faça sua lista e depois entre em contato. Diga a eles o que está fazendo e descubra quando poderão se encontrar para papear. O objetivo da reunião não é lhes vender algo. Isso vai acontecer naturalmente. O objetivo é entrar em contato com eles e trabalhar para restaurar sua base de poder.

Ao criar uma lista de dez pessoas, pense automaticamente que esse número será de, pelo menos, cem. Cada uma das pessoas que você conhece terá, pelo menos, dez pessoas em sua própria base de poder, que podem se beneficiar do que você está vendendo ou do serviço que está oferecendo. Se não acredita nisso, sugiro que volte e releia o Capítulo Cinco deste livro e venda-se novamente ao que está fazendo.

Você pode entrar em contato com essas pessoas por telefone, pessoalmente, por carta ou por e-mail. A melhor maneira é um encontro presencial, sempre que possível. Então, apareça sem avisar, ou ligue e marque um horário para almoçarem. Não se preocupe se você não vê essas pessoas há anos. Esqueça o passado. Vá falar com elas e crie seu futuro. Interesse-se por seus contatos e explore sua base de poder. Descubra mais sobre eles — o que estão fazendo, no que trabalham, sua família e tudo o que está acontecendo. Restaure o relacionamento. Quando o assunto for sobre você, diga-lhes o que está fazendo e o quanto ama isso. Em algum momento você pode até dizer que adoraria mostrar a eles seu produto, mas nesse ponto sua intenção é simplesmente restaurar, reconstruir e garimpar sua base de poder.

IMPOR-SE A ELES OU AJUDÁ-LOS?

As pessoas querem ajudar aqueles que conhecem. Guarde todas as reservas que tiver e entre em contato com eles. Livre-se dessa ideia boba de que estará se impondo no relacionamento. Isso é ridículo. Para que servem os amigos e a família se você não puder impor-lhes algo que pode ajudá-los? Alguém vai vender algo a eles — por que não você? A realidade é que eles também querem ajudá-lo. Se você ama seu produto e acredita totalmente nele, então ame sua base de poder o suficiente para que eles saibam o que você tem. Confie na regra anterior sobre grandes atitudes e use-a. Contate pessoas suficientes em sua base de poder e encontrará alguém que precisa de seu produto ou serviço. Se você tem problemas para se impor, está realmente tendo problemas quanto a estar vendido e precisa recuperar seu comprometimento.

A partir daí, você pode expandir sua lista.

Suponhamos que eu seja um vendedor de roupas e tenha dez amigos, cada um dos quais tem uma utilidade para o tipo de roupa que estou vendendo. Cada uma dessas pessoas tem, em média, mais 2,2 pessoas em sua casa. Isso representa 22 pessoas, quando multiplicadas por 10.

Deixe as primeiras 22 pessoas saberem o que você faz, o que vende, onde está e como podem entrar em contato. Faça uma lista de mala direta com o endereço delas. Anote seus aniversários e envie cartões aleatórios. Nenhum cartão de aniversário é mais bem respondido do que um que foi enviado na data errada. Todos vão ligar de volta, informando que aquele não é o dia do aniversário deles, e então você dirá: "Sei disso, mas como não sabia qual era o seu aniversário de verdade, pensei em arriscar meu palpite!" Garanto que eles vão ligar. Você tem que ser criativo ao entrar em contato com as pessoas. Um pouco de imaginação combinada com grandes atitudes ajuda muito. Nunca se preocupe com eventuais erros. O único deles que você pode cometer é não conseguir estabelecer o contato.

Faça com que essas 22 pessoas o apresentem a seus conhecidos, para que você possa começar a trabalhar nessa lista. Desenvolva a base de poder de dentro para fora, e observe seu crescimento.

Ao criar sua lista de base de poder, você ficará chocado com todas as pessoas que esqueceu. Não se preocupe com isso, vá em frente e faça contato! Elas ficarão felizes em ouvi-lo e estarão dispostas a ajudá-lo.

Certa vez, entrei em contato com um cara do colégio com quem costumava brigar quando éramos adolescentes. Liguei para ele e disse-lhe que, mesmo depois de vinte anos, ainda pensava nele com frequência e ria de como éramos inimigos. Pouco tempo depois disso, ele entrou em meu escritório e comprou meu produto. Falando por experiência, posso dizer que é mais fácil vender a um inimigo do passado do que a alguém que você ainda não conhece bem. Não dispense sua base de poder. Desenvolva-a!

Se *você* não usar sua base de poder, um cara como eu vai fazê-lo. Todos nós já tivemos a experiência de encontrar um velho amigo que possui um produto que representamos, mas que o comprou de um concorrente. A concorrência conquistou o cliente potencial, e você perdeu uma venda porque simplesmente não conseguiu entrar em contato com sua base de poder.

A pior parte de fazer uma venda é que você acabou de perder seu melhor cliente em potencial e agora precisa substituí-lo! O novo cliente agora se torna parte de sua base de poder. Pergunte a qualquer vendedor, em qualquer lugar: "Você prefere vender para alguém que ainda não conhece ou para alguém a quem já vendeu antes?" Se você fizesse essa pergunta a um milhão de vendedores, todos concordariam que eles prefeririam vender para quem já venderam. Por quê? Porque eles têm a experiência de já ter conquistado aquele cliente, e isso torna mais fácil vender para essa pessoa novamente. A relação já existe, assim como a confiança e a experiência. Essa é a sua base de poder ficando cada vez maior. Adicione isso ao círculo crescente que se origina em você e fique em contato com essas pessoas.

CAPITALIZE A VENDA FÁCIL

Os clientes existentes são a venda mais fácil de se realizar, e sempre os prefiro a um cliente em potencial totalmente novo. Eu sei o que os deixa animados, temos um relacionamento, já tenho a confiança deles e eles me conhecem, conhecem minha empresa e os produtos que represento! Mesmo quando um cliente existente tem uma reclamação ou um problema, essa é apenas uma ótima oportunidade de transformá-lo em outra venda.

Tenho uma política em meu escritório de que todas as reclamações devem ser trazidas imediatamente para mim. Por que eu quereria lidar com elas? Porque sei que as reclamações são uma das oportunidades mais negligenciadas para vender mais. Problemas são oportunidades! Resolva-os e você ganhará um cliente ainda melhor.

Outra razão pela qual é mais fácil vender para ex-clientes é porque é mais fácil para eles tomar uma decisão com alguém com quem fizeram negócios. Pessoas são criaturas de hábitos. Quando faço um seminário de vendas, 99% das pessoas que participam optam por se sentar ao lado de alguém que já conhecem. Por quê? As pessoas encontram conforto na familiaridade.

CRIANDO PODER!

A maioria dos vendedores não aproveita a familiaridade o suficiente. Gosto de fazer negócios com pessoas que conheço. Gosto que você já conheça minhas preferências, o que eu quero e como falar comigo. Gosto que você já saiba quais são minhas expectativas e como quero ser atendido. Gosto do fato de termos compartilhado uma experiência. Mas eu me pergunto se o vendedor sente o mesmo, afinal, ele raramente me liga depois de me vender algo.

Você acha que não vou comprar outro terno, computador, celular, televisão, casa, eletrodomésticos, carro, imóvel, ou fazer outro investimento? Acha que para mim chega, porque já fiz negócios com você uma vez? Acha que fiquei sem dinheiro ou que essa foi a última vez que um ser humano me vendeu um produto semelhante? Acha que esgotou todo o meu limite de crédito? Lembre-se sempre, não será você a pessoa que fará a última venda a um cliente. A questão é: você vai vender-lhe da próxima vez? Posso garantir que, se não ficar em contato com sua base de poder, incluindo seus clientes anteriores, você nunca terá poder em seu negócio. Nunca negligencie seus antigos clientes!

Se quiser garantir sua produção de vendas e assegurar uma longa e feliz carreira na área de vendas, fique em contato com as pessoas em sua base de poder. Ame-as, ligue para elas, beba e jante com elas, envie-lhes presentes e continue a mostrar interesse por elas.

Comprei meu primeiro investimento imobiliário de um amigo. Seu mentor lhe disse, após meses de trabalho, que eu nunca compraria nada dele e que ele estava perdendo seu tempo comigo. Comprei 48 unidades e no mês seguinte, mais 38. Esse era o grande conselho do mentor de meu amigo. Mas a história não para por aí. Esse cara se tornou meu sócio e saiu da empresa para a qual trabalhava para administrar a propriedade que comprei dele. Ele pensou que eu estava satisfeito com essas duas primeiras compras e desistiu de me procurar para vender outras mais. Se eu ligasse para ele e dissesse que estava procurando mais ofertas, ele ficaria pessimista sobre os preços e sobre minha provável capacidade de adquirir outras propriedades. Outro amigo meu de longa data, Dale, estava no meu escritório depois que desliguei o telefone com meu novo parceiro, frustrado. Dale perguntou se eu lhe daria o mesmo negócio que dei ao meu outro parceiro se ele arrumasse alguns negócios para mim. Disse a ele que sim e, logo em seguida, começamos a trabalhar juntos em outras oportunidades. Nos dois anos seguintes, comprei outras 400 unidades e mais 1.500 depois disso.

Meu primeiro parceiro é um cara ótimo e se deu muito bem, mas ele violou sua base de poder. Meu velho amigo Dale ganhou milhões com o negócio, permanecendo em contato e desenvolvendo sua base de poder. A propósito, Dale não tinha experiência com imóveis; o primeiro sujeito tinha. Ele estava falido na época em que nos associamos — 52 anos e menos de sessenta dólares em seu nome. Hoje ele é multimilionário. Essa é uma história verdadeira. Dale viu a oportunidade de desenvolver sua própria base de poder e a agarrou. Moral da história: Fique sempre em contato com as pessoas em sua base de poder.

Preste atenção nas pessoas para quem acabou de vender e nas pessoas para as quais deseja vender em seguida. E aumente o poder de sua base de poder!

QUESTÕES DO CAPÍTULO QUATORZE

O que o autor sugere ser um dos princípios básicos mais violados e negligenciados pelas pessoas ao tentar vender suas ideias ou produtos?

Faça uma lista de dez pessoas em sua base de poder.
1.
2.
3.
4.
5.
6.
7.
8.
9.
10.

Qual é a pior parte de se fazer uma venda?

Qual é uma das oportunidades mais negligenciadas para se vender mais?

Quais são, segundo o autor, os cinco motivos pelos quais um cliente existente ou antigo representa uma venda mais fácil do que alguém que você não conhece?

    1.

    2.

    3.

    4.

    5.

CAPÍTULO QUINZE
TEMPO

QUANTO TEMPO VOCÊ TEM?

O homem mais poderoso do mundo tem 24 horas por dia para fazer o que precisa. O mais rico, 3.600 minutos em um dia para ganhar seu dinheiro. O mais educado tem 168 horas por semana para aprender. O maior atleta do mundo tem 365 dias no ano para treinar. Quanto tempo você tem?

Quando alguém me diz que não tem tempo suficiente para fazer o que precisa, eu não acredito. Li recentemente que uma pessoa média assiste à televisão durante três horas por dia, o que representa 67.500 minutos por ano. Você tem ideia de quantas ligações poderia fazer em um ano durante esse tempo? Se cada ligação durasse apenas três minutos, você poderia fazer 22.500 ligações extras por ano. Isso daria 1.875 ligações por mês. Setenta e cinco ligações por dia! Se fizesse apenas uma parte disso, alcançaria a metade superior dos 1% melhores de todos os vendedores em seu setor.

Na verdade, você está *mentindo* quando diz a si mesmo que não tem tempo suficiente! O fato é que você tem a mesma quantidade de tempo que todo mundo, apenas não o está usando de forma eficiente. Todos nós temos as mesmas 24 horas por dia, totalizando 8.760 horas por ano. Se não sabe quanto tempo tem disponível, garanto que ainda não decidiu como usá-lo. Se concorda que tempo é dinheiro, você deve fazer um inventário e protegê-lo, assim como faria com qualquer coisa valiosa.

Recentemente, viajei para Las Vegas para ministrar uma palestra. Quando meu motorista me deixou no aeroporto, perguntou-me quando eu voltaria para casa para que ele pudesse me buscar. Disse-lhe que chegaria no dia seguinte, antes do meio-dia. Ele então sugeriu: "Por que você não aproveita mais uma noite, e volta na manhã seguinte?" Eu respondi: "Em vez de perder tempo em Vegas e torná-los mais ricos, voltarei para casa e ao trabalho, e talvez eu me torne mais rico. Quem sabe? Estando em casa e no escritório, posso fechar o maior negócio da minha vida." "Ah", disse ele, "é por isso que você está onde está e eu sou seu motorista". Exatamente! E é assim que você vai chegar aonde deseja — maximizando cada minuto, todos os dias. Qualquer um pode estar onde está agora. A questão é: você pode chegar ao próximo nível? Apenas use seu tempo com sabedoria.

USE TODOS OS MOMENTOS PARA VENDER

Há alguns anos, quando eu era vendedor, um homem chamado Ray me colocou sob sua proteção porque viu potencial em mim. Um dia, ele me puxou de lado e perguntou: "Grant, por que você vai almoçar com tanta frequência com seu colega Gene?" Fiquei perplexo com a pergunta, porque parecia perfeitamente natural que eu fosse almoçar com meu amigo e colega de trabalho. Quando não consegui responder, Ray olhou para mim e disse: "Grant, Gene nunca comprará nada de você. Nunca!"

Uau! O que ele disse foi como um tapa e realmente me fez pensar em quanto tempo, energia e dinheiro desperdicei almoçando com Gene. Ao pensar nisso, percebi que estava perdendo 1 hora todos os dias, 6 vezes por semana, durante 52 semanas do ano. Gastei 312 horas do meu tempo sem nenhuma oportunidade de fazer uma venda! Nunca mais fui almoçar com Gene depois disso, e minhas vendas começaram a aumentar. Estabeleci um propósito de que, se não estivesse almoçando com clientes ou potenciais clientes, almoçaria em meu escritório enquanto ligava para eles.

QUANTO TEMPO VOCÊ ESTÁ DESPERDIÇANDO?

A partir de hoje, quero que você dê uma olhada em quanto tempo perde em um dia. Toda vez que se pegar fazendo algo que não é produtivo, anote isso. Fumar, fazer pausas para o café, ficar em filas, ligar para amigos ou familiares, fofocar, ficar em pé ao lado do bebedouro, discutir sobre um jogo, ir a bares, rabiscar, sonhar acordado, fugir do trabalho etc. Anote e fique ciente de todas as coisas que está fazendo que não contribuem para movimentar sua equipe e sua empresa em campo. E se você tivesse apenas uma hora para vencer o jogo? Não se pode fazer pausas quando a bola está em campo. Você tem apenas três tempos de um minuto, e o relógio está correndo. Quando o sinal sonoro soar, o jogo acabou!

Aquele que aproveita ao máximo o seu tempo é quem mais realiza. Tome a decisão agora, já que está no controle do tempo — e ele não está mais controlando você. Mude de ideia sobre o tempo e decida que há bastante. Torne-se um mestre do relógio, não um escravo dele.

AS OPORTUNIDADES DA HORA DO ALMOÇO

Um parceiro e eu estávamos em uma reunião com um grupo de potenciais clientes na hora do almoço. O grupo colocou meu parceiro e eu na mesma mesa, então solicitei que nos sentássemos em mesas diferentes. Por quê? Porque eu não posso vender para meu parceiro, e não haverá oportunidade se me sentar ao lado dele! O objetivo era estar com o maior número possível desses clientes, não um com o outro. Sentei-me em uma mesa e ele em outra, dobrando nossa exposição.

Aprendi essa valiosa lição quando era um vendedor que desperdiçava almoços com meu colega de trabalho Gene. Hoje não almoço mais com um colega vendedor, um gerente ou mesmo com meu chefe. Preciso passar mais tempo com meus clientes. Almoçar com seu chefe não vai lhe dar segurança no emprego, mas vender mais produtos vai. Minha regra é que se eles trabalharem comigo, não vão comprar de mim, por isso não devemos almoçar juntos. Você precisa trabalhar sua carreira de vendas da mesma forma que um político faz sua campanha. Ele não perde seu tempo falando com as pessoas que já vão votar nele. Sua conversa é com as pessoas que ainda não decidiram em quem votar.

Hoje, dedico meu café da manhã, meu almoço e meu jantar a compradores, a potenciais clientes e até mesmo a algumas apostas arriscadas. Esses encontros no almoço incluem qualquer um que um dia possa comprar de mim. Mesmo quando não estou levando um cliente para almoçar, frequento lugares nos quais tenho a chance de ser visto, nos quais muitas pessoas vão ou nos quais posso apenas ter a sorte de encontrar alguém que vai comprar de mim.

As pessoas que saem para almoçar são geralmente compradores qualificados. Elas estão na ativa: Banqueiros, securitários, vendedores, empresários etc. Estes são os compradores de seus produtos. Saia e esteja com eles, seja visto por eles e os conheça. Encontre um restaurante no qual as pessoas qualificadas vão comer e apareça lá todos os dias, até você conhecer o cenário. Visite aquele lugar e torne-se conhecido antes de buscar outros locais. Conheça o dono e as garçonetes, até que eles o conheçam pelo seu primeiro nome, e então você conhecerá os clientes. Vá aos lugares nos quais os clientes potenciais se reúnem na hora do almoço e seja visto por eles. Pessoalmente, gosto de ir aos restaurantes mais caros, porque atraem os clientes de melhor qualidade. Aristóteles Onassis, o grande magnata da navegação, sempre fez questão de ir aos restaurantes mais caros em suas viagens, quando era jovem. Não porque pudesse pagar, mas porque as pessoas de lá tinham dinheiro, e ele queria estar perto de oportunidades e sucesso.

Certa vez, fiz uma venda para um corretor de seguros e me ofereci para levá-lo para almoçar como um sinal de meu agradecimento. Encontrei-o em seu escritório, onde pegamos sua esposa e filha e fomos para seu lugar favorito. Na época, era inexperiente e estava bastante preocupado com o valor da conta. Cinco minutos depois de nos sentarmos, ele já havia me apresentado a um amigo em outra mesa. Meu cliente disse: "Vic, este é o garoto de quem estava falando", momento em que Vic puxa um cartão e diz: "Quero um igual ao dele. Você pode levá-lo ao meu escritório hoje?"

MAIS ALMOÇOS = MAIS VENDAS!

Aquele sanduíche que comeu no almoço para economizar US$10 custará centenas de milhares de dólares em vendas perdidas. Saia, seja visto, misture-se e coloque-se no jogo. Use a hora do almoço para encontrar clientes e não perca essa oportunidade saindo com amigos e outros funcionários. Você não pode economizar para se tornar um milionário, mas certamente pode vender durante seu caminho até lá! Pare de tentar economizar dinheiro e comece a fazer o que for preciso para ser visto, notado e fechar negócios!

Minha esposa é atriz aqui em Hollywood, e eu perguntei-lhe onde é o melhor lugar para as pessoas de seu ramo serem vistas. Ela disse que é o Ivy. Bem, adivinha onde vamos almoçar agora? Quem é visto é sempre lembrado, ao contrário de quem se esconde. Algumas pessoas até consideram o fato de o encontrarem como um "sinal" de que devem fazer algo com você.

Almoços significam negócios e oportunidades. Não se trata de comida, amigos e família. O almoço é uma ocasião para criar contatos e mostrar apreço pelos clientes anteriores! Utilize-o e trabalhe nessa mina de ouro que dura uma hora. Aproveite ao máximo cada dia, eliminando o tempo perdido e programando de forma inteligente seu valioso tempo! Algumas pessoas podem se perguntar se há algum tempo para relaxar e ficar à toa. Claro que existe, mas isso virá depois, assim que atingir seus objetivos e realizar seus sonhos.

Se não estiver onde deseja estar na vida, é preciso trabalhar a cada minuto e aproveitar todas as oportunidades. Você deve isso a si mesmo, à sua família e ao seu futuro. Faça cada momento valer a pena!

QUESTÕES DO CAPÍTULO QUINZE

Quanto tempo você tem? Sem consultar.

Escreva seis atividades que você considera uma perda de tempo e quanto tempo acha que perde em cada uma por semana.

    1.
    2.
    3.
    4.
    5.
    6.

Multiplique cada um dos itens acima por 52 e depois por 20 para calcular o custo de cada atividade a cada ano, em tempo e dinheiro.

1.
2.
3.
4.
5.
6.

Escreva as duas atividades que geram mais receita e quanto tempo você gasta com elas a cada semana.

1.
2.

CAPÍTULO DEZESSEIS
ATITUDE

UMA ATITUDE POSITIVA VALE MAIS DO QUE UM GRANDE PRODUTO

As pessoas pagarão mais por uma experiência agradável, positiva e prazerosa do que por um ótimo produto. Quem não quer se sentir bem? Quem não quer ser reconhecido por estar certo? Quem não quer receber sorrisos e concordância? Mostre-me uma pessoa que não quer se sentir bem e eu mostrarei alguém para quem você não precisa se preocupar em vender! As pessoas querem se sentir bem. Elas são movidas por pessoas positivas e confiantes, mais do que por ótimos produtos. Sempre haverá um mercado para produtos que fazem as pessoas se sentirem bem, mas uma pessoa que pode fazer alguém se sentir bem pode vender quase tudo! O indivíduo que combina uma ótima atitude com um ótimo produto se torna imbatível!

Uma atitude positiva é mil vezes mais importante do que o produto em si. Observe como as pessoas gastam seu dinheiro. Elas gastarão uma pequena quantia de sua renda com suas necessidades básicas e todo o seu salário em entretenimento. Por quê? Porque querem se sentir bem! Por que Jay Leno ganha mais dinheiro do que todos os professores de Los Angeles juntos? Porque ele faz as pessoas rirem e se sentirem bem.

É fácil para um comprador dizer não a um produto ou empresa, mas é extremamente difícil dizer não a uma experiência positiva com outro ser humano. Quando algo o faz se sentir bem, você quer mais, faça sentido ou não. É por isso que as pessoas fazem coisas que não são boas para elas, porque, por alguns minutos, sentiram-se bem. Elas gastam com coisas que as fazem se sentir bem antes de gastarem com o que precisam. Isso explica os atuais níveis de pobreza e endividamento.

Uma vez vi uma jaqueta em exposição na vitrine de uma loja e fiquei tão curioso que entrei para dar uma olhada mais de perto. Perguntei o preço à balconista, que o informou enquanto me ajudava a vestir a jaqueta. Admirando meu reflexo no espelho, disse que o preço era absurdo e acrescentei que nem precisava dela! Com um belo sorriso, caloroso e compreensivo, ela disse: "Ninguém compra uma jaqueta como esta porque precisa. Eles compram porque é linda e os faz se sentirem bem." Diante da verdade de sua declaração, perguntei-lhe: "Posso pagar com AMEX?"

Com todo o caos e as más notícias divulgadas pela mídia diariamente, é revigorante conhecer uma pessoa positiva e orientada para soluções. Você sabe de que tipo de pessoa estou falando. O tipo que está sempre sorrindo ao dizer: "Sim, senhor, conte comigo. Será um prazer ajudá-lo!" Quero pessoas positivas cuidando de mim. Não quero apenas comprar algo. Quero pessoas positivas, prestativas, sorridentes e motivadas ao meu redor. São elas que quero perto de mim.

Tenho uma assistente pessoal chamada Jen. Quando a contratei, ela não tinha experiência com o meu tipo de empresa e nunca havia trabalhado no nosso tipo de ambiente. Não a contratei por causa de suas habilidades e sua experiência, mas devido à sua atitude positiva. Jen é o tipo de pessoa otimista, que diz: "Deixa comigo", e que faz tudo com um enorme sorriso no rosto. Isso não significa que ela não cometa erros. Ela os comete. Mas por causa de sua atitude, seus erros são aceitáveis. Nunca fico bravo com ela, não importa o que faça, porque ela é muito orientada para servir, muito positiva, muito "Sim, senhor, eu ficaria feliz em fazer isso por você". Jen está vendendo? Claro que sim! Todos os dias, estando consciente disso ou não.

Nunca deixe ninguém o convencer de que as pessoas não pagarão mais por uma boa atitude e por um ótimo serviço. A capacidade de ser positivo o tempo todo, quer esteja ganhando quer esteja perdendo, é o que garantirá que você será um vencedor. A atitude é superior a todo o resto! Amo pessoas positivas e as acho irresistíveis. Quando você é positivo, as pessoas *o* acharão irresistível.

TRATE-OS COMO MILIONÁRIOS

Minha esposa e eu costumamos jantar e ver um filme em um lugar chamado The Grove. Estacionamos o carro lá, e um cara de cabelo louro descolorido e espetado sempre nos cumprimenta, abre a porta e sorri como se estivesse feliz em nos ver. "É bom vê-lo de novo, chefe", diz ele. "Deixe isso comigo. Vejo você em algumas horas, e seu carro estará bem na frente." Sempre lhe dou uma gorjeta de US$20, embora eu mesmo pudesse estacionar o carro por US$2. O outro manobrista que trabalha lá nos cumprimenta como se fôssemos um incômodo, não sorri, parece odiar seu trabalho e estaciona o carro no mesmo lugar que o cara de cabelo espetado. Devido à sua má atitude, dou-lhe US$5, e isso só porque ele estaciona meu carro. Tenho certeza de que ele vai para casa e diz à namorada como são mesquinhas todas as pessoas que estacionam seus grandes carros e que seu parceiro de cabelos espetados tem mais sorte do que ele.

Garanto a você que o cara de cabelo espetado não é apenas sortudo e que não sou mesquinho. É a atitude que faz a diferença. A realidade é que pessoas com boas atitudes têm mais sorte do que pessoas com atitudes ruins. Não existe tesouro maior do que uma ótima atitude e nenhuma maneira de se obter verdadeiros tesouros sem tê-la!

Certa vez, um cliente queria que eu lhe vendesse um caminhão e, como muitos compradores de automóveis, não queria que a concessionária ganhasse dinheiro com o negócio. Ele achava justo pagar apenas o valor da nota fiscal. Nada disso faz sentido, é claro, porque se a empresa vender seus produtos pelo preço de custo, então não será capaz de permanecer no negócio para atender ao cliente.

Mas porque sei que a atitude é mais importante do que o produto ou o preço, e porque confiei que o cliente pagaria pela minha atitude positiva e proativa, disse-lhe: "Não tem problema, seu desejo é uma ordem, meu amigo. Agradeço muito a oportunidade de fazer negócios com você." Ele ficou chocado com a minha resposta e com o sorriso que eu tinha no rosto, porque não fiquei irritado com ele.

Passei a próxima hora ou mais com ele mostrando-lhe o caminhão, conhecendo-o, rindo com ele e sendo uma influência positiva. Tratei aquele cliente como se ele fosse me render 1 milhão de dólares. Coloquei de lado o fato de que ele não queria pagar o valor de venda e mantive sempre uma ótima atitude.

No final, mostrei-lhe o preço da nota fiscal do caminhão, com impostos estaduais de US$4 mil, e acrescentei outros US$2 mil para cuidar dele pelos próximos 4 anos. Ele olhou para mim e disse: "Sei que posso comprar isso em outro lugar, sem pagar os US$2 mil extras." Com um sorriso, respondi: "Você provavelmente está certo, mas o concorrente não tem a mim para lhe servir." Ele riu e disse: "Não sei por que estou fazendo isso, mas vamos fechar o negócio", e preencheu o cheque.

Lembre-se de que um produto pode ser comprado, mas uma boa atitude, não. Um preço pode ser coberto, mas uma boa atitude não tem preço. Não há nada mais valioso do que uma pessoa positiva. As pessoas sempre agirão de acordo com sua atitude. Se for negativa, espere uma resposta negativa. Quando for positiva, você pode esperar uma resposta positiva. Se gritar e ameaçar outra pessoa, você pode esperar que ela fuja ou lute. Nenhuma resposta é boa para um vendedor. Mas se for positivo e favorável, posso esperar que a resposta do comprador seja a mesma se eu for contagiante o suficiente! Quando tiver a capacidade de mudar as atitudes das pessoas de uma forma positiva e fazer com que se sintam melhor do que antes de conhecê-lo, você não precisará mais confiar que seu produto é superior!

A forma como age em relação aos outros será equivalente à forma como eles agirão em relação a você. Sua atitude precede tudo o que lhe acontece na vida. Se pensar em acidentes de carro, terá acidentes. Se andar com pessoas negativas, começará a ficar negativo. Envolva-se com pessoas problemáticas e atrairá problemas.

UM PRODUTO DE SEU AMBIENTE

Minha mãe dizia quando eu era criança: "Você se torna a pessoa com quem anda." Embora eu resistisse a isso época, agora sei que é verdade. Hoje eu levaria essa declaração ainda mais longe e diria: "Você é um produto de tudo o que está ao seu redor!" Isso inclui a TV a que assiste, os jornais que lê, os amigos que tem, o cinema a que vai, seus hobbies, interesses, família e tudo mais com que está envolvido.

Todos os invernos, os jornalistas passam horas diárias convencendo-o de que a temporada de gripe está chegando, que você é suscetível e que milhões de pessoas vão pegá-la. Eles costumavam chamá-las de epidemias, e agora as chamam de pandemias. Será que acredito que as pessoas realmente pegam gripe porque ela é promovida com tanta dedicação? Claro que não! A mídia faz com que todos pensem sobre a gripe, preocupem-se com ela, falem sobre ela, e as pessoas começarão a pensar nela, até que finalmente a contrairão!

Quando a mídia começa a promover recessões e tempos difíceis, as pessoas em todos os lugares ficam tensas, e isso perpetua exatamente o que foi promovido. Economias inteiras podem ser congeladas pelo que é mostrado na televisão e nos jornais! As atitudes de nações inteiras podem ser mudadas de positivas para negativas, a fim de influenciar as ações de muitos para que apenas alguns sejam beneficiados. Os jornais e a televisão têm sido usados há anos para influenciar as atitudes e ações de muitos. Se as ações de milhões de pessoas podem ser alteradas pelas notícias, certamente sua atitude pode influenciar outra pessoa, para o bem ou para o mal.

Até mesmo os médicos concordam que a maioria das doenças mentais e físicas são na verdade psicossomáticas (da mente). Isso foi comprovado com pílulas de placebo que, em muitos casos, curam tanto quanto o medicamento real. Mesmo que os placebos não sejam nada além de pílulas de açúcar, as pessoas acreditam que eles vão ajudá-las, e isso acaba acontecendo.

Acredito que meu ativo mais valioso é minha capacidade de permanecer positivo quando todos estão perdendo a cabeça. Quando todos ao meu redor estão enlouquecendo, preocupando-se e se lamentando, escolho permanecer positivo. Ao permanecer positivo, você se torna o líder óbvio, e as pessoas seguirão sua liderança. Se essa posição na vida lhe é desejável, então você precisa fazer todo o possível para proteger sua atitude das coisas que o derrubam. Você também precisará tomar uma atitude preventiva e se proteger contra outras pessoas que podem ter como objetivo afetá-lo negativamente.

Não basta ser positivo. É preciso se proteger contra aqueles que são negativos. Fique atento aos amigos, familiares, colegas de trabalho e outras pessoas ao seu redor que tenham como hábito afetar negativamente os outros. As atitudes, como as doenças, são contagiosas. Quando se trata de atitudes, seus inimigos não são o problema. O problema são as pessoas mais próximas de você. Você permitiria que seu melhor amigo deixasse lixo em sua casa? Claro que não! Mas é exatamente isso que ele está fazendo quando chega e começa a dar más notícias, fazer fofocas e despejar-lhe todos os seus problemas. Você permite que ele deixe lixo mental em seu ambiente, infectando-o.

DICAS PARA TER UMA BOA ATITUDE

Se não estiver recebendo o que deseja e souber o que está fazendo, sua atitude é parte do problema! Se quer um salário maior, tenha uma atitude maior. Faça as perguntas: Como mudo isso? Como permaneço positivo? O que posso fazer para estar sempre feliz e amar a vida?

Aqui estão algumas sugestões úteis que usei na minha vida quando queria manter uma atitude radiante e positiva.

1. Evite jornais, televisão e rádio.
2. Fique longe de pessoas "incapazes", que têm problemas e que não se dão bem. Tente ajudá-las, mas não fique por perto a ponto de ser afetado. Isso inclui família e amigos.
3. Coloque todos em sua vida em sintonia com você e com o que deseja em sua vida, bem como com o que espera deles!
4. Evite drogas e álcool, por causa da influência negativa que têm sobre sua mente. Eles o deixam letárgico, lento e inseguro! Medicamentos controlados afetam a mente tanto quanto as drogas ilícitas, e alguns estão provando ser ainda mais perigosos. Basta olhar para os efeitos colaterais e rótulos de advertência. Controle sua atitude estando atento e alerta, não drogado e anestesiado.

5. Evite hospitais e médicos, se possível. Frequente-os apenas quando for absolutamente necessário. Já vi muitas pessoas piorarem depois de passar um tempo com médicos e hospitais. Hospitais são como "fábricas de doentes", não locais que curam pessoas. Basta observá-las quando saem de lá.

6. Trate conversas negativas como lixo. Coloque uma placa em sua casa e no escritório que diga: zona livre de negatividade. Não permita que as pessoas falem de forma negativa ao seu redor. Você não precisa disso. Trate isso como lixo e não permita que ninguém deixe lixo em seu ambiente.

7. Comece hoje mesmo a dieta da negatividade. Evite pensamentos, ideias ou conversas negativas nas próximas 24 horas. Este será o começo para que você realmente tenha controle sobre seus pensamentos e ações, e o ajudará a se disciplinar para controlar a forma como pensa e age. Os pensamentos vêm antes das ações, e suas ações determinam sua vida. Depois de controlar como pensa, terá o controle de suas ações. A dieta da negatividade funciona assim: Sem pensamentos, conversas ou ações negativas por 24 horas inteiras, ou o relógio deve ser reiniciado. Embora isso possa parecer um desafio muito simples, nunca conheci alguém que conseguiu passar as primeiras 24 horas sem ter que reiniciar o relógio, e conheço milhares de pessoas que falharam no desafio apenas 10 minutos depois de começar.

Isso lhe dará um jogo no qual competirá consigo mesmo para começar a controlar como pensa, age e vive a vida! As pessoas se tornaram inconscientes de como são negativas, e então se perguntam por que obtêm resultados negativos na vida! Controle seus pensamentos e controlará suas ações. Esse simples jogo o deixará consciente, antes de tudo. Uma vez consciente, você pode começar a fazer mudanças. Seja gentilmente honesto consigo mesmo enquanto o joga. Quando falhar, tome consciência do pensamento ou da ação negativa, anote-o e reinicie o relógio. Continue fazendo isso até que possa fazê-lo por 24 horas. Então veja por quantos dias consegue seguir. O objetivo é criar consciência e disciplina sobre o que você escolhe pensar e fazer em sua vida!

Nada lhe renderá mais recompensas do que sua capacidade de ter e manter uma boa atitude. Nada será mais valioso do que uma perspectiva positiva. As pessoas vão se lembrar de você não por causa do dinheiro que ganhou ou pelo seu sucesso, mas por causa da forma como você lidou com a vida e como fez os outros se sentirem. Sua atitude e sua capacidade de influenciar positivamente as atitudes dos outros afetarão não apenas suas vendas, mas todas as áreas da sua vida: Seu casamento, seus filhos, sua saúde, sua riqueza, sua sorte — *tudo*. Você escolhe a área que deseja, e uma atitude positiva a afetará!

QUESTÕES DO CAPÍTULO DEZESSEIS

Segundo o autor, quais são as três coisas pelas quais as pessoas pagarão?

1.
2.
3.

Quais são as duas coisas que o tornarão imbatível?

1.
2.

Quais são as três maneiras pelas quais você pode tratar as pessoas como milionários?

1.
2.
3.

O que o autor sugere ser seu bem mais valioso?

Quais são as quatro dicas para melhorar sua atitude?
1.
2.
3.
4.

CAPÍTULO DEZESSETE

A MAIOR VENDA DA MINHA VIDA

Na primeira vez que vi Elena, soube que tinha encontrado a mulher com quem me casaria. Fiquei absoluta e completamente vendido desde o primeiro momento em que a vi. Também ficou quase imediatamente evidente que ela, como muitos clientes que tive, não tornaria essa venda muito fácil para mim. Fiquei surpreso com sua beleza, a ponto de ficar inseguro sobre minhas qualificações e sobre minha capacidade de chamar sua atenção. Ignorei meus medos e apresentei-me a ela, enquanto meu coração pulava e minha pulsação disparava. Ela me respondeu com total desinteresse, como se nem me visse. Senti-me como um fantasma, ou o homem invisível. Fiquei arrasado, e tinha certeza, por causa de sua resposta, de que essa venda seria quase impossível. Todo o encontro durou talvez um minuto antes que ela continuasse com o que estava fazendo e me deixasse falando sozinho.

Fui até uma das pessoas do set — um amigo (desenvolvendo minha base de poder) — e descobri tudo o que ele sabia sobre ela e pedi-lhe que me desse seu número de telefone. Ele estava relutante, mas podia ver que eu nunca iria embora sem encontrar uma forma de entrar em contato com ela (venda agressiva). Liguei para ela no dia seguinte, entusiasmado e cheio de atitude positiva, convencendo-me de que poderia fazê-la se interessar por mim (a atitude é superior ao produto). Mais uma vez, não aconteceu da maneira que eu esperava: Ela ainda parecia completamente desinteressada no meu produto (eu) e estava um pouco irritada por eu ter ligado para ela. Sabia que estava errando o alvo, mas estava totalmente convencido de que ela era a pessoa certa (totalmente vendido ao produto).

Não fui realmente capaz de me comunicar com ela, porque não sabia do que ela gostava ou no que tinha interesse. Não estava chegando a lugar nenhum, mas me recusei a desistir. Procurando apoio positivo e consolo, liguei para minha mãe e anunciei que havia conhecido a mulher com quem me casaria. Minha mãe ficou animada e perguntou se já tínhamos saído juntos. Disse-lhe que havia apenas um pequeno problema: ela não estava interessada em mim. Minha mãe, querendo evitar que seu filho se machucasse, aconselhou-me sobre esta situação, afirmando: "Grant, um relacionamento precisa de dois. Se ela não está interessada em você, então não há o que você possa fazer." (Proteja-se contra as informações negativas — tenha cuidado ao obter conselhos quando está indo atrás de seus sonhos e objetivos. Mesmo aqueles que mais o amam podem fazer comentários que o afasta deles.)

CAPÍTULO DEZESSETE A MAIOR VENDA DA MINHA VIDA

No momento em que minha mãe disse: *"Precisa de dois"*, percebi o que tinha que fazer. Se a venda tinha que acontecer, só dependia de mim! Durante anos, ouvi vendedores culparem o cliente pelas vendas que não fizeram. Naquele momento, fiquei ainda mais determinado a fazer esse relacionamento acontecer.

Se alguém tinha que ser vendido, isso dependia de mim, não de Elena. Se esperasse que ela fizesse isso acontecer, jamais daria certo, então tive que ser criativo. Os compradores não compram até que alguém lhes venda! E, nesse caso, não são necessários dois, apenas um. Naquele momento, decidi que eu seria o único responsável por me vender para ela e fechar o negócio. O que fazer primeiro: vender o produto novamente (eu). Então, sentei-me e escrevi todas as coisas que tinha a oferecer e todos os pontos de qualidade que levaria para o relacionamento. Criei um plano de ação. Comecei a ligar para qualquer pessoa que a conhecesse e a espalhar que estava interessado nela e queria que todos soubessem disso (grande atitude). Decidi ligar para ela a cada poucas semanas, até que finalmente conseguíssemos estabelecer uma comunicação de verdade, e ela aceitasse me conhecer e me deixasse conhecê-la. Liguei para ela mensalmente durante um ano inteiro, deixando pequenas mensagens positivas. Ela não só não atendeu a nenhuma das minhas ligações, como também nunca as retornou. Mas isso não me impediu, pois nenhum vendedor de verdade desiste por causa de uma pequena rejeição. Apenas fiquei ainda mais interessado e continuei deixando isso claro. Eu era irracional e completamente ilógico. Embora os telefonemas não estivessem surtindo nenhum efeito, continuei a lembrar-me de que meu produto era bom e minha missão era ótima!

Voltei a desenvolver minha base de poder. Descobri, através da persistência, que um amigo meu tinha uma amiga que também era amiga de Elena. Comecei então a conhecer a amiga e disse-lhe que estava interessado na Elena, atualizando-a sobre meus esforços e minha falta de sucesso (base de poder). Pedi a ela que falasse bem de mim e descobrisse o que estava acontecendo com Elena, e por que ela não estava retornando minhas ligações. A amiga me disse que Elena havia mencionado meu nome, dizendo que havia um cara que ficava ligando e deixando mensagens engraçadas, mas que ela não tinha o mínimo interesse.

A amiga falou que disse a Elena que eu era um cara muito legal e que ela deveria sair comigo. Quando a amiga me contou isso, fiquei muito animado, pensando: *Vou conseguir*, e, nesse ponto, ela tentou gentilmente me fazer desistir, dizendo que Elena havia declarado que eu simplesmente não era o tipo dela.

Isso é uma alegação ou uma objeção?, perguntei-me. Qual é a objeção? Tive que esclarecer isso com a amiga, porque tinha que saber com que estava lidando. Arranquei as informações da amiga de Elena, porque precisava saber (me comprometer). Ela finalmente contou que Elena havia dito que eu era muito baixo, que ela não gostava de homens de negócios e que eu simplesmente não era o tipo dela.

Mas essas não eram razões reais para ela não sair comigo — *eram apenas alegações*, pensei (aprenda a diferença entre alegações e objeções).

Quando todo o meu bom senso me dizia para desistir, estava andando na rua quando vi um cara feio com uma garota linda e pensei: *Como ele conseguiu isso?* Eu não sabia a resposta, mas sabia que era porque ele não havia desistido. Então decidi que não desistiria até que, pelo menos, conseguisse um encontro, vendesse o produto (eu) e conseguisse fechar o negócio!

Tive que concordar com ela primeiro, já que essa é a regra número um em vendas. Liguei para ela e deixei outra mensagem em sua secretária eletrônica, provavelmente a minha 13ª. "Oi, Elena, sou eu, Grant. Como você provavelmente já sabe, tenho falado sobre você com a Erica. Olha, não quero que pense que a estou perseguindo ou algo assim. Sou apenas um cara que está realmente interessado em você e não tenho intenção de desistir até que me dê uma chance. A propósito, só para você saber — estou ficando mais alto." Sempre mantive as mensagens positivas e otimistas, e nunca a fiz se sentir mal.

Um dia eu estava perguntando a um amigo meu sobre Elena — ele também estava tentando sair com ela. Ele disse que ela realmente não queria um namorado, e que estava mais interessada em praticar tiro e em sua carreira de atriz. Ele estava realmente tentando convencer-me de que ela não era muito atraente (típico de um vendedor que não consegue fechar o negócio). Então, fiz algumas pesquisas sobre tiro e descobri que Elena era uma das dez melhores atiradoras de alvos de argila do estado da Califórnia, e que atirar era sua paixão. Liguei para o L.A. Gun Club, aluguei o campo de tiro e contratei o melhor treinador de Los Angeles para o sábado seguinte. Liguei para ela novamente e deixei outra mensagem em sua secretária, dizendo que eu tinha reservado o clube e os treinadores e estava pedindo que fosse praticar tiro comigo. (Descubra o que desperta o interesse deles, não o seu.) Sessenta segundos depois, ela retornou minha ligação pela primeira vez! Tivemos nosso primeiro encontro real naquele sábado, e nos casamos menos de um ano depois.

Minha esposa foi a venda mais difícil que já fiz, e posso dizer que valeu a pena. Já estive em negócios de US$80 milhões, mas nada se compara ao trabalho que tive para fazer essa garota prestar atenção em mim, sair comigo, e depois ser capaz de pedi-la em casamento e saber que ela diria sim.

Minha esposa hoje dirá que enxerguei nossa vida juntos muito antes dela, e que foi muito difícil resistir à minha convicção e total consciência de nós dois como um casal. Ela não vai dizer que eu me impus, que a pressionei ou a persegui. Ela vai dizer que previ o futuro, e o criei sabendo o que queria, perseguindo-o e continuando a fazer o que fosse necessário para fechar o negócio. Minha esposa não diria que eu lhe fiz uma venda em algum contexto negativo, mas sim que mostrei meu amor por ela e deixei isso bem claro, independentemente de sua resposta (dar-dar-dar).

Essa foi a venda mais importante da minha vida, e, se não fosse pela minha visão da venda como uma habilidade necessária na vida e pelo meu entendimento técnico sobre ela, eu não teria sido capaz de mostrar meu valor.

CAPÍTULO DEZESSETE A MAIOR VENDA DA MINHA VIDA

SUMÁRIO

Sua própria capacidade de persuadir os outros determina o quão bem você se sairá em todas as áreas de sua vida. Vender é uma necessidade absoluta para viver realmente a vida e para realizar seus sonhos. Embora vender seja uma carreira para alguns, é um requisito para todos. Você precisa vender, negociar e persuadir as pessoas para conseguir o que deseja. O quão bem você pode fazer isso determinará que tipo de vida você terá e quantas pessoas influenciará.

Torne-se um estudante dessa coisa chamada venda. Não a trate como algo desagradável a ser feito, nem contrate outras pessoas para fazê-la. A venda é o melhor combustível de todas as economias do mundo. Sem pessoas vendendo ideias, conceitos e produtos, o mundo nunca seria um lugar melhor. Se quiser fazer a diferença neste planeta, aprenda a vender. Se quiser ter certeza de que suas valiosas ideias sejam conhecidas pelo mundo, você terá que vender. Se quiser dar um rumo à sua vida, se quiser que sua empresa vá bem, se quiser que sua família prospere, pratique os ensinamentos deste livro, e garanto que você prosperará de maneiras que outras pessoas consideram impossíveis.

QUESTÃO DO CAPÍTULO DEZESSETE

Escreva um ensaio sobre o que você aprendeu com este capítulo e com este livro até agora, e descreva como aplicará isso para conseguir o que deseja na vida.

CAPÍTULO DEZOITO

O PROCESSO DE VENDA PERFEITO

Neste capítulo, quero apresentar-lhe brevemente como é um processo de vendas bem-sucedido. Você aprenderá a satisfazer o interesse de todas as partes envolvidas e a aumentar a efetividade do usuário.

Durante cinquenta anos, houve pouca mudança na forma como as pessoas vendem coisas. Grande parte das informações está desatualizada, incentivando as pessoas a controlarem seus clientes e a passarem longos períodos com eles, acreditando que quanto maior o tempo de convivência, mais endividados eles se tornarão. A realidade é que as pessoas mudaram nos últimos cinquenta anos. Hoje em dia são as esposas, em sua maioria, que decidem o que é comprado e como o dinheiro é gasto. Maridos e esposas estão agora mais propensos a terem um emprego. As pessoas têm menos tempo. Há um maior acesso a informações. E alguns estudos sugerem mudanças geracionais completas, em que o comprador não quer o envolvimento de um ser humano ao fazer uma compra.

O processo de venda perfeito então teria que ser rápido e fácil para o comprador, fácil e eficaz para o vendedor, fornecer informações confiáveis com a mesma facilidade com que o próprio comprador pode acessá-las, tratar o comprador como uma pessoa informada, sabendo que ele tem acesso ao conhecimento, e, em última análise, satisfazer o cliente e a empresa ao consumar uma venda.

A primeira coisa que eu observaria em qualquer processo de vendas é como encurtá-lo e simplificá-lo, graças à quantidade de vulnerabilidade que os compradores demonstram ao longo do tempo. Seja abastecendo o carro, verificando uma inscrição na academia, ou comprando uma roupa, mantimentos ou tecnologia, o tempo é sempre uma preocupação do comprador. Quanto tempo vou ficar aqui? Quanto isso vai demorar? Vou ficar preso a uma pessoa com quem não quero estar?

Basicamente, o processo de venda consiste em descobrir as seguintes informações sobre o comprador: Quem é você? O que você quer? Por que você quer isso? O que eu tenho que satisfaz seus desejos e necessidades? Como posso mostrá-lo para que você o entenda: Faço uma oferta que pode ser financiada e, em seguida, encerro, entrego e acompanho, na esperança de repetir o processo com você e com outras pessoas? Eliminarei qualquer coisa que puder por uma questão de velocidade e de simplicidade.

A outra coisa é que o processo de venda perfeito pode ser anunciado. Se não puder anunciar nada do que está fazendo, então há algo errado com isso. A transparência do processo é uma prova decisiva da integridade de seu processo. A velha máxima era controlar, enganar e reter informações, tudo o que seria reprovado no teste de capacidade de seu processo ser anunciado.

Não pude dizer ao cliente muito do que aprendi nos últimos 25 anos, porque sempre havia algo de errado. É por isso que acredito que as pessoas desdenham das vendas. Mas não tem que ser assim. Os melhores vendedores que conheço são honestos e corretos. Não fazem joguinhos, são sinceros e sabem como fazer seu trabalho sem manipulações e truques.

Os melhores processos de vendas são mais rápidos do que demorados. Idealmente, o vendedor percebe o tempo do cliente, estando disposto a gastar tanto tempo quanto necessário, mas nunca interessado em perdê-lo. O comprador deve poder entrar e sair quando quiser ou gastar o tempo que for necessário para se sentir confortável o suficiente para tomar uma decisão. Quer o comprador venha até você ou você vá até ele, independentemente de se tratar de uma venda muito complexa ou muito simples, não importa o preço ou as condições, há algumas coisas que você deve fazer e outras que não pode evitar.

Para determinar se seu processo de venda atual pode ser problemático para seus clientes, faça estas três perguntas: (1) Você obtém lucros abaixo da média em cada transação? (2) O tempo para contratar é a fonte de reclamação do cliente? (3) Os clientes estão resistindo ao seu processo?

As organizações estão sempre à procura de novos vendedores, mas o que devem procurar primeiro é um novo processo de venda, atual, mais curto, mais amigável ao cliente, prático e focado em informações. Os processos de venda devem ser desenvolvidos para satisfazer, nesta ordem: (1) cliente, (2) vendedor, (3) gerência (por último).

A maioria dos programas de venda foi projetada para satisfazer os desejos da gerência, mas, na realidade, a gerência não compra o produto e, na maioria dos casos, não o vende. Um exemplo de uma velha máxima que não se aplicaria mais às vendas atuais é: "Quanto mais tempo você passar com o cliente, melhores serão suas chances de lhe vender." Isso não é mais verdadeiro. Na verdade, quanto mais tempo você passa com eles, mais provável é que esteja desperdiçando o tempo de todos.

Se o processo que você está usando não conseguir ultrapassar os dois primeiros obstáculos de satisfazer o cliente e o vendedor, ele não será eficaz para a gerência, não importa o quanto ela queira, porque haverá resistência. Não importa o quanto eu goste da minha Harley Davidson Road King de 340kg, ou queira que minha filha aprenda a pilotá-la. Ela não conseguirá operá-la porque é muito pesada para ela. A questão é que não importa o quanto o proprietário ou a alta administração desejem que algo seja feito de determinada maneira. Se isso não funcionar para o cliente e se o usuário não conseguir executar, falhará para todos!

A prova decisiva para um ótimo processo de vendas é a questão: "Podemos anunciar ao público o que queremos que nosso pessoal faça?" Se não responder sim, há algo errado com seu processo de venda.

Já trabalhei com organizações de vendas e indivíduos em todo o mundo, e o que apresento a seguir é o que acredito ser um processo de venda muito poderoso e sucinto. Embora deva ser personalizado para sua realidade, dependendo do seu produto ou serviço, seu formato básico será eficaz. Este é o menor número de etapas para simplificar o processo, eliminar a perda de tempo e ainda focar as coisas mais importantes que você deseja realizar. Muitas organizações têm de dez a doze etapas, a maioria das quais são ignoradas e muitas delas, combatidas. Aqui estão as cinco etapas mais importantes que você deve enfrentar em todas as situações de vendas, seja pessoalmente, por telefone ou pela internet:

1. Saudação
2. Determinação dos desejos e das necessidades
3. Seleção do produto e apresentação/criação de valor
4. Apresentação da proposta
5. Fechamento do negócio ou desistência do cliente

ETAPA UM: SAUDAÇÃO

O objetivo da saudação é apresentar-se, causar uma boa impressão e deixar o comprador à vontade. Meu objetivo aqui é preparar o terreno para as etapas restantes. Diga: "Bem-vindo" se eles forem até você e "Obrigado por me receber" se tiver ido até eles. Em ambos os casos, o tempo deve ser levado em consideração. Se ainda não tiver um relacionamento com o cliente, não vai querer perder o tempo dele ou o seu tentando causar uma boa impressão sobre quem você é e o que representa. Se já conhecer a pessoa, não quer ficar preso em uma conversa fiada e nunca ir direto ao assunto. É impossível pular essa etapa. O que queremos fazer é usá-la para apresentar o motivo pelo qual estamos lá: Transformar o potencial cliente em comprador.

EXEMPLOS DE SAUDAÇÕES

- "Bem-vindo. Obrigado por estar aqui. Quais são as informações de que precisa?" (Em seguida, faça a transição para as quatro etapas restantes.)
- "Olá. Obrigado por reservar um tempo para me ver hoje. Diga-me, que dever de casa você fez até agora para que eu não repita as mesmas coisas?"
- "É bom vê-lo hoje, e obrigado pelo seu tempo. Que informações posso fornecer para usarmos o seu tempo da melhor maneira possível?"

Cada uma dessas saudações determina o que as pessoas desejam fazer. Deixamos a construção do relacionamento e o companheirismo para mais tarde no processo, quando e se o comprador decidir fazê-lo. Após cada saudação, passo imediatamente para a etapa 2.

ETAPA DOIS: DETERMINAÇÃO DOS DESEJOS E DAS NECESSIDADES

Determine desejos e necessidades e o porquê. Você pode fazer isso passando para a apuração dos fatos ou para um estágio de consulta. A maneira mais rápida de fazê-lo é apurar compras anteriores semelhantes. O objetivo desta etapa é duplo: (1) Saber qual produto mostrar ao seu cliente e (2) saber como apresentá-lo de maneira que agregue valor nessa apresentação e faça com que a pessoa se disponha a agir.

Mesmo coisas de igual valor não são idênticas quando a motivação para elas muda. Um copo d'água é um copo d'água e, na superfície, é igual a qualquer outro até você descobrir a razão ou motivação de alguém em relação a ele. Diferentes razões promovem diferentes valores e urgências, e eles devem ser determinados na etapa 2.

Um copo d'água apenas para encerrar um jantar tem uma conotação diferente de um copo d'água que seria usado para enxaguar o olho de alguém ou saciar a sede de uma pessoa desidratada. Além disso, um copo d'água da torneira tem um valor diferente da água engarrafada ou de uma água alcalina, usada para reduzir a acidez da química corporal de alguém.

No Dia de Ação de Graças, o copo e o valor estético da apresentação são mais valiosos do que a própria água, até que um dos convidados engasgue com a broa de milho da avó. Nesse caso, o valor da mesma água aumenta e o do copo diminui. Entendeu? Por que você quer isso? Por que está interessado agora? Qual é sua situação atual? Que problema está tentando resolver? O que é importante para você em sua próxima compra? Por quê? Que experiências semelhantes você já teve? O que sua situação atual faz por você que lhe agrada? O que ela não faz por você? Como você classificaria seu serviço atual em uma escala de um a dez? O que seria um dez? Você faria isso de novo? Valeu a pena o dinheiro que gastou? Que valor você colocaria nisso? O que o teria tornado melhor?

Ao determinar desejos e necessidades, você não está vendendo. Está perguntando e ouvindo. Como isso é feito nos estágios iniciais do processo de venda, entenda que essas informações serão usadas para entender e fechar sua proposta.

Lembre-se de que todas as compras ou investimentos estão tentando resolver algum tipo de problema. Todos eles. Você não compra uma furadeira porque quer uma furadeira. Você a compra porque quer um furo.

ETAPA TRÊS: SELEÇÃO DO PRODUTO E APRESENTAÇÃO/CRIAÇÃO DE VALOR

Selecione o produto e apresente-o. Faça isso para seus clientes, em vez de permitir que eles percorram todo o seu inventário e selecionem por si próprios. Não importa se seu produto é tangível ou não. Sempre existirá um inventário. Se você estivesse vendendo seguro, com base no que descobriu nas duas primeiras etapas, agora você seria capaz de selecionar e apresentar uma solução e saber como ela beneficiaria o cliente. O mesmo se aplica a qualquer outra apresentação, seja uma cirurgia, uma obra de arte, um carro, móveis, uma associação a um clube de campo ou um presente para um evento de caridade — ou um simples copo d'água.

Você deve apresentar seu produto com base no que seu cliente disse que era importante. Não há razão para mostrar a qualidade do cristal ou a qualidade da água a um homem que está engasgado. Se eu estiver comprando uma casa de você, quero que me mostre o que desejo ver, não o que está em meu orçamento. E, quando me mostrar uma casa, se tiver seguido a etapa 2 corretamente, deixe-me ver a propriedade antes de mostrá-la para mim. Quando compro um imóvel, estou mais interessado no terreno do que na própria casa. Mas se você não dedicar um tempo para descobrir o que é importante na etapa 2, perderá tempo em sua apresentação, mostrando-me coisas que simplesmente não importam.

No meu programa, *Turnaround King*, você me viu ir a uma academia onde me apresentaram seus produtos sem saber o que era importante para mim. Se o proprietário da empresa tivesse se dedicado a coletar as informações certas e me apresentado seu produto de forma específica, teria sido mais eficaz. Depois que descobrisse que eu me interessava mais pela parte molhada da instalação do que por pesos e socialização, ele poderia ter gastado seu tempo direcionando sua demonstração para as coisas que mais me agradam. O fato de adorar nadar e acreditar que nadar em uma piscina olímpica me conquistaria mais rápido do que qualquer outro treino, sem causar danos ao meu corpo, teria permitido ao apresentador direcionar e limitar sua apresentação às coisas que teriam criado urgência e maior valor, melhorando suas chances de conseguir um novo membro.

Só porque seu cliente o procura para visitar uma propriedade anunciada com uma casa de 1.000m² em cinco hectares de belas colinas não significa que ele precisa ver todos os 1.000m² ou cada folha e pedaço de grama. Na verdade, você não saberá o que mostrar ao cliente até perguntar. Então, em sua apresentação, concentre-se nas coisas que são mais importantes para o comprador. Encurte o processo para mostrar o que interessa, tornando seu produto o que ele precisa agora mesmo! Quais são essas poucas coisas que justificarão todas as outras? Qual é o motivo de compra principal ou dominante que fará seu comprador justificar e validar esse produto como a coisa certa a ser comprada? É na demonstração do seu produto que você agrega valor, cria urgência e aumenta o desejo do comprador de pagar-lhe pelo que você está oferecendo.

Encurte a demonstração e você apenas reduzirá suas chances de fazer uma venda. Gaste muito tempo durante a demonstração em coisas que não são importantes para o comprador e você não só perde tempo, mas também reduz suas chances de fazer uma venda.

ETAPA QUATRO: APRESENTAÇÃO DA PROPOSTA

Faça uma proposta. Sempre faço uma proposta. Sempre. Mesmo quando as pessoas não estão prontas, faço uma oferta. Muitas pessoas sugerem não apresentar números a todos os compradores, mas acredito que se você não os apresentar, nunca poderá chegar a um acordo. Não estou sugerindo que você faça uma oferta antes da apresentação do produto, mas estou sugerindo que faça o que puder, agressivamente, para chegar aos números com cada comprador, em todas as situações.

Sempre se prepare para apresentar uma proposta. Nosso objetivo é apresentar nosso produto a 100% das pessoas que saudamos, e fazê-lo dentro de 40 minutos após o contato. As pessoas precisam de informações para tomar decisões. Recentemente, bancamos o cliente misterioso para mais de 500 empresas semelhantes, e apenas 37% delas nos forneceram uma proposta. Isso significa que 63% nunca teve a chance de entrar no negócio depois que o comprador foi revelado. Encurtando o processo de vendas e insistindo em chegar aos números, pegamos as empresas e aumentamos suas vendas em 35%, em um período de 30 dias. Fizemos isso recentemente com um grupo de varejo em Boston, por meio do qual fornecemos treinamento online diário e direcionamos a equipe de vendas a um objetivo — apresentar uma proposta. Apenas isso já resultou em um lucro bruto de US$350 mil em um mês.

ETAPA CINCO: FECHAMENTO DO NEGÓCIO OU DESISTÊNCIA DO CLIENTE

É aqui que descobrimos quantas cartas você tem na manga. Duas coisas criadas por mim devem ser verificadas: o aplicativo Close the Sale [Feche a Venda, em tradução livre] e meu livro e programa de áudio *Closer's Survival Guide* [*Guia de Sobrevivência do Negociador*, em tradução livre], que treinam os vendedores para serem mestres em fechar negócios.

Primeiro, você deve estar preparado para FECHAR. Fechar a transação é uma arte completamente diferente de vender. Todos nascemos para vender, mas você tem que aprender a fechar. De acordo com as pesquisas, essa é a única área na qual os vendedores profissionais precisam de ajuda. É aqui que você deve se tornar um NEGOCIADOR PRO-NINJA-MASTER EM TODAS AS SITUAÇÕES. Um grande fechamento precisa de centenas de fechamentos, não de apenas alguns. O profissional deve se comprometer totalmente com maneiras novas e inovadoras de lidar com qualquer situação de fechamento que surgir.

Adiamentos, objeções relacionadas a dinheiro, objeções de preço, considerações de orçamento, melhores ofertas e coisas do gênero são apenas algumas das coisas que você ouvirá de seus clientes. Tornar-se profissional em fechar uma transação é fundamental não apenas porque é o necessário para se fazer o trabalho, mas também porque vai criar confiança em sua capacidade de lidar com objeções, adiamentos e problemas, o que aumentará sua confiança para vender ainda mais. Os vendedores que não conseguem fechar negócios começarão a evitar todas as outras necessidades fundamentais de venda, como prospecção, acompanhamento e até mesmo ter uma atitude positiva. Basicamente, por que vender se você não consegue fechar? Cem por cento de sua receita resulta das transações fechadas. É delas que vem sua remuneração. Aborde essa habilidade como faria se estivesse tentando obter uma faixa preta de terceiro grau. Alguns programas de encerramento malucos estão no livro e áudio *My Closers Survival*, que expandirei de um volume para três, além do meu site www.CloseOrLose.com. Esses programas têm centenas de respostas de fechamento para CADA objeção que você ouvirá em uma negociação, em inglês.

CAPÍTULO DEZENOVE
SUCESSO NAS VENDAS

Trate o sucesso como dever, obrigação e responsabilidade, não como uma escolha ou um trabalho!

O melhor conselho que posso lhe dar sobre o sucesso em qualquer área é torná-lo uma questão ética, não financeira ou mesmo técnica. Quase todas as pessoas afirmam querer o sucesso, mas a maioria delas o considera apenas uma opção possível. Encare as coisas como uma opção ou um talvez, e eu garanto a você que elas NUNCA serão suas.

Você sabia que menos de 2% de todas as famílias nos EUA ganharam US$250 mil no ano passado? Por quê? Bem, ou todo o sistema está contra 98% das pessoas, ou 98% das pessoas estão tratando o sucesso como algo que pode ou não acontecer. Veja, a realidade é que os maiores ganhadores não são mais espertos, nem trabalham mais do que você. Uma das principais razões pelas quais mais pessoas não criam sucesso para si mesmas é porque nunca se comprometem com ele. Deixam-no para a economia, o tempo e outras circunstâncias sobre as quais não têm nenhum controle.

Convenhamos, a maioria das pessoas nem chega perto de ter o tipo de vida que deseja e menos ainda o tipo de vida que tem o potencial de ter. Elas afirmam que desejam um relacionamento de sucesso, liberdade financeira, um negócio bem-sucedido e sólido, que querem mais dinheiro e querem ser milionárias, mas não vão atrás desses desejos de forma implacável, imortal, urgente.

FAÇA A SI MESMO ESSAS PERGUNTAS

- Você está utilizando todo o seu potencial? (Seja honesto.)
- Você considera o sucesso um dever e uma obrigação?
- Mais sucesso seria ruim para você?
- A sua família inteira tem um plano para a criação do sucesso?

Se você respondeu não a alguma dessas perguntas, suas chances de sucesso são duvidosas em qualquer campo. Seu problema não será as vendas como profissão, mas sua falta de comprometimento com o SUCESSO como obrigação e dever. Nas vendas, como em qualquer outro campo, você terá que reivindicar o sucesso, caso contrário, ele escapará de você. Pare de encará-lo como uma opção, e suas chances de alcançar seus sonhos aumentarão exponencialmente. Posso assegurar-lhe que, se não considerar que é seu dever viver de acordo com seu potencial, então você simplesmente *não* viverá de acordo com ele. Se o sucesso não se tornar uma questão ética — uma obsessão e um dever —, você não fará o que é necessário para alcançá-lo. Muitos sugerem que o sucesso é uma jornada, e não um destino. Depois de criar quatro empresas do zero, posso dizer que, embora essa afirmação possa ser verdadeira, é mais importante entender que tal jornada está repleta de muitos obstáculos inesperados, e muitas pessoas estão seguindo juntas por ela. Outras pessoas e obstáculos tentarão impedi-lo de chegar a seu destino. Aqueles que se comprometem com o sucesso como destino durarão mais do que aqueles que estão apenas curtindo a viagem.

Uma das maiores reviravoltas em minha carreira de vendas ocorreu quando finalmente acordei para o fato de que, se quisesse ter sucesso nas vendas, tinha que fazer disso uma prioridade — uma carreira, não um emprego. Quando parei de pensar em vender de forma casual e me comprometi em saber tudo o que havia para saber sobre isso, comecei a ter sucesso. Quando comecei a encarar as vendas como minha maneira de criar sucesso e as assumi como um dever, uma obrigação e uma responsabilidade, como uma missão militar, os obstáculos começaram a desaparecer. Comecei a ver que meu sucesso nas vendas não era para os outros, os "sortudos", ou algo que acontecia em uma semana e desaparecia na seguinte.

Mesmo as pessoas mais afortunadas e bem relacionadas entre nós devem fazer algo para se colocarem no lugar certo, na hora certa, na frente das pessoas certas. A sorte é apenas um dos subprodutos das pessoas que mais agem e estão mais bem preparadas. A razão pela qual vendedores de sucesso parecem ter sorte é porque seu sucesso naturalmente atrai mais sucesso. A menos que esteja a par da ação, você não vê ou ouve falar sobre o número de vezes que os melhores vendedores tentaram e falharam. A sorte não o tornará bem-sucedido. Comprometer-se completamente com o sucesso é a maneira de ter sorte.

Você deve encarar seu sucesso em vendas da mesma forma que os bons pais encaram seus deveres para com os filhos: como uma honra, uma obrigação e uma prioridade. Esteja comprometido com sua carreira, seu produto, a empresa para a qual trabalha e com seu cliente como um dever, uma obrigação e uma responsabilidade. Como diz o capítulo "A venda mais importante", você deve permanecer totalmente comprometido em todos os níveis. Bons pais farão *tudo* o que for preciso para cuidar dos filhos: Levantar no meio da noite, vestir, alimentar e lutar por eles, cuidar deles e, até mesmo, colocar suas próprias vidas em risco para protegê-los. E é dessa forma que você deve encarar sua carreira em vendas.

SEJA HONESTO CONSIGO MESMO: NUNCA JUSTIFIQUE SEU FRACASSO

É bastante comum que as pessoas que não estão tendo sucesso nas vendas comecem a criar justificativas. Algumas até começam a mentir para si mesmas. É fácil detectar essa tendência no setor de vendas, nas pessoas que antes estavam indo bem e que agora estão dando mais e mais desculpas pela sua falta de sucesso. Leia o capítulo "A Regra 10X", em que examino todas as desculpas que as pessoas usam para se justificar.

Por exemplo, quando crianças pequenas não conseguem o que querem, elas pedem gentilmente, depois ficam decepcionadas, aí começam a insistir, e talvez até briguem e chorem um pouco. Então, no final do ciclo, quando lhes é dito que não podem ter o que pediram, começam a convencer-se de que nunca nem quiseram isso. Venda ou seja vendido. Tudo o que as crianças geralmente precisam fazer é passar pelo ciclo mais algumas vezes antes que os pais se cansem. Quando não é honesto consigo mesmo, você desiste! Não há NENHUMA razão ou desculpa boa o suficiente para você não conseguir o que quer ou precisa! É claro que você nem sempre fechará o negócio, mas não perca uma venda para depois passar o resto da tarde vendendo mentiras e desculpas sobre por que ela não era importante ou por que não teve sucesso.

Seja honesto consigo mesmo em cada ciclo de vendas. Pergunte-se: "Por que não consegui essa venda? O que poderia ter feito diferente? Onde foi que a perdi? Como poderia ter justificado melhor o custo? Onde eu poderia ter conseguido financiamento para eles? Por que não me dirigi ao tomador de decisões? Só sugeri que fizessem o pedido duas vezes…" Seja brutalmente honesto consigo mesmo e assuma a total responsabilidade pelo resultado. Não deixe seus colegas de trabalho justificarem sua falha, dizendo que está tudo bem, que o cliente não estava pronto, que não tinha dinheiro, que é mesquinho, que é um grupo para o qual é difícil de vender, que não compra, que não consegue tomar decisões, que nosso produto é muito caro, não temos o estoque certo, a economia está péssima — pare com isso. Você está me entediando e se matando por não ser honesto.

Seu sucesso nas vendas virá como resultado de sua afirmação mental, espiritual e tecnicamente preparada para criá-lo e possuí-lo, seguido por ações necessárias que persistem ao longo do tempo, até que você seja bem-sucedido em alcançar suas metas de vendas. Se não for capaz de ser brutalmente honesto consigo mesmo sobre por que não fez a venda, você sempre encontrará resultados cada vez menores. E quando seu sucesso diminuir, verá suas ações fazerem o mesmo.

Para reivindicar um sucesso de vendas consistente, você deve:

1. Decidir que você é o responsável final pela venda.
2. Tornar a venda seu dever, obrigação e responsabilidade.
3. Tomar uma grande quantidade de atitudes, seguida por mais atitudes até que a venda seja realizada!
4. Não aceitar desculpas, motivos ou suposta lógica e descobrir como fazer isso funcionar!
5. Preparar-se diariamente para lidar com todos os obstáculos, entraves, motivos e barreiras que você encontrará com um cliente. Acesse a Cardone University em www.CardoneUniversity.com [conteúdo em inglês].

CAPÍTULO VINTE

DICAS DE TREINAMENTO EM VENDAS

Não basta apenas ler um livro ou ouvir um programa de áudio. É preciso praticar, treinar e ensaiar. De astronautas a atletas, todos praticam, treinam e ensaiam — repetidamente, até que cada movimento, resposta e reação tenham sido praticados. Um fuzileiro naval treina pesado não apenas para saber exatamente o que fazer em qualquer situação, mas também para estar completamente confiante de que, quando se deparar com um obstáculo, se moverá agressivamente para a vitória em vez de ser obrigado a recuar.

Se você se pega recuando em algum ponto do jogo, é porque não está se dedicando o suficiente a seu treinamento e educação, nem colocando seu aprendizado em prática. Quando comecei a me dedicar às vendas, assistia a vídeos antes de sair de casa, ouvia programas de áudio no caminho para o trabalho e depois me gravava em situações de fechamento todos os dias. Mergulhei em situações e processos.

Eu lhe diria para gastar a mesma quantidade mensal de dinheiro e tempo em seu treinamento que gasta em seu guarda-roupa. O que você diz e como age será mais eficiente em uma venda do que aquilo que veste. Posso usar qualquer coisa para trabalhar e vender meus produtos quando estou no controle. Se jogasse beisebol profissional, você iria para a gaiola de rebatidas todos os dias? Claro que sim.

Embora seja indiscutível que o treinamento melhora os resultados da produção, a maioria das pessoas não sabe a maneira certa de treinar. E antes de considerar o custo, você precisa pensar no tempo que reservará para treinar, porque esse é um problema ainda maior. Se estiver no cronograma de treinamento certo, que realmente aumente seus músculos de vendas e resulte em aumento de vendas, o problema financeiro será resolvido. Você sabia que a maioria dos vendedores nem mesmo leu um livro de vendas em toda a sua carreira? Você também sabia que ainda menos pessoas passam um tempo praticando vendas? E existem ainda aqueles que não sabem como treinar de forma eficaz para obter resultados imediatos. O que estou falando aqui é sobre lhe proporcionar um regime de treinamento que o transformará em um supervendedor.

Antes de considerar o custo que terá com livros de treinamento de vendas, seminários, vídeos, programas de áudio, workshops, viagens e hospedagem, é preciso calcular os custos imediatos do mau uso das oportunidades que resultam do não treinamento. Independentemente de quanto tempo você esteja na área de vendas, se estiver enferrujado, precisa desenferrujar. Uma serra cega corta a árvore, mas demora muito mais do que o necessário. Para manter a serra das vendas afiada, você precisa dedicar um tempo para isso. O treinamento em vendas falha para empresas e indivíduos quando é implementado incorretamente, de forma não mensurável, desatualizada, não relevante e quando não está prontamente disponível para resolver os problemas quando os vendedores mais precisavam.

Depois de trabalhar com indivíduos e empresas por mais de 25 anos, descobri que para qualquer programa de treinamento ser eficaz, existem certos critérios que devem ser seguidos:

1. Treine diariamente! O material que os vendedores devem ler, ouvir ou assistir deve se concentrar em situações reais de venda, não apenas motivacionais.

2. O treinamento em vendas deve ser encarado com o objetivo de aumentar a produção imediatamente. Pense em como Derek Jeter usaria uma gaiola de rebatidas antes do jogo. O treinamento em vendas é feito diariamente para aprimorar suas habilidades daquele dia e realizar mais vendas! Ele deve ser encarado como um ingrediente valioso e fundamental para aumentar a produção e como O CAMINHO para aumentar vendas e receitas.

3. O treinamento em vendas deve ser fornecido em segmentos muito curtos e ser interativo. Curto quanto? De dois a cinco minutos, ou menos. Hoje, a maioria dos treinamentos falha porque os segmentos são muito longos e perdem a atenção de quem treina. Nossos sites interativos sob demanda utilizam envolvimento multimídia, a fim de fornecer aos profissionais de vendas segmentos curtos e concisos, que se concentram em situações reais de vendas.

4. O treinamento deve ser mensurável e recompensado. Caso contrário, como em qualquer processo ou prática recomendada, falhará. Se não aumentar a produção imediatamente, não está sendo usado ou não está sendo usado o suficiente. A maneira correta de prepará-lo é fornecer lembretes diários quando o treinamento não estiver sendo usado.

5. Programas eficientes de treinamento em vendas devem concentrar 80% do conteúdo, tempo e energia nas pessoas MAIS IMPORTANTES de uma organização, não nas novas. Se o conteúdo for realmente relevante e inovador, em vez de apenas repetir o básico continuamente, deve chamar a atenção daqueles com melhor desempenho.

6. O treinamento em vendas deve fazer parte do seu dia e estar acessível continuamente ao longo dele. Todas as reuniões de equipe devem incluir treinamento, com os vendedores acompanhando o assunto com um mínimo de dois a quatro segmentos por dia por conta própria e, em seguida, com suporte para a equipe de vendas, com soluções diárias. Adicionamos este último componente graças à nossa tecnologia virtual, por meio da qual os vendedores podem me consultar interativamente em tempo real, e sou realmente capaz de orientá-los durante uma transação e demonstrar maneiras de fechar mais negócios. Essa combinação de treinamento diário é semelhante ao processo de hidratação de um organismo com soro intravenoso.

Para que o treinamento em vendas seja eficaz, é preciso se comprometer com ele. Deve ser a primeira coisa a ser realizada todos os dias, uma atividade contínua, estar disponível quando necessário e aumentar sua produção de vendas. Se você acha que é caro treinar as equipes de vendas, pense nas despesas de perdê-las.

MEU REGIME DE TREINAMENTO PARA VOCÊ

- Diariamente: Ouça programas de treinamento em vendas enquanto dirige. Inclua tópicos sobre como lidar com objeções, gerar ideias para ligar para os clientes, acompanhamento, dicas de fechamento, entre outros. Evite propagandas e materiais motivacionais e concentre-se em estratégias voltadas especificamente para as VENDAS.
- Diariamente: Assista de dois a quatro segmentos de vídeo que incluam alguma parte do processo de vendas.
- Faça uma dramatização de situações com as quais você tenha problemas ou esteja evitando.
- Use-me como seu treinador pessoal durante o dia, com nossas Soluções Quick Fix. Devido aos avanços tecnológicos, posso ajudá-lo a fazer mais vendas em tempo real. Acesse www.CardoneUniversity.com [conteúdo em inglês]. Isso é essencial porque, depois de perder uma venda, é bastante comum que você invente motivos errados por tê-la perdido e, em seguida, fique preso a uma solução errada. Com o Quick Fix, você pode se preparar para uma venda, obter assistência, além de se aprimorar após cada encontro de negócios.

CAPÍTULO VINTE E UM

CRIE PRESENÇA NAS REDES SOCIAIS

Com um número cada vez maior de pessoas recorrendo à internet como primeiro passo para pesquisar sua empresa, seu produto e até mesmo suas informações pessoais, é obrigatório que você crie algum tipo de presença nas redes sociais. Isso não é uma escolha ou algo que você possa querer ou não fazer, nem é algo para o qual você tem ou não tem tempo: VOCÊ DEVE USAR AS REDES SOCIAIS.

As redes sociais são uma maneira de se conectar, prospectar e se tornar conhecido por aqueles que podem ter interesse no que você representa. Como escrevi em *If You're Not First, You're Last*, a obscuridade (não ser conhecido) é um problema maior do que o dinheiro. Se as pessoas não sabem quem você é, não podem fazer negócios com você. Se o conhecem, mas não pensam em você, não farão negócios com você. Você tem que ser conhecido, lembrado, considerado e, com sorte, ser a primeira escolha ou a dominante na mente de seus clientes, a fim de vender algo para alguém!

Hoje temos Facebook, Twitter, LinkedIn e quem sabe o que virá a seguir. Certamente um dia esses nomes nem existirão mais, tendo sido substituídos por algumas outras melhorias tecnológicas. Hoje são como os anúncios dos primeiros jornais ou os primeiros outdoors que apareciam ao lado de rodovias e ruas das cidades anos atrás. As redes sociais, exceto pelo tempo que deve ser dedicado a elas, são uma forma gratuita de se tornar conhecido. A chave é saber COMO usá-las, em vez de ser usado por elas. De modo geral, elas são como entrar em um bar ou em uma festa. Você pode falar de negócios na festa ou para uma pessoa no bar, mas provavelmente é mais provável que fale sobre coisas mais sociais do que diretamente sobre negócios. Se quiser um bom exemplo de como usá-las, verifique as páginas a seguir que criei para demonstrar às pessoas como obter interação e envolvimento: Twitter@GrantCardone e www.facebook.com/cardonefan, ambas com conteúdo em inglês. Observe quanta interação, feedback e envolvimento recebo enquanto continuo promovendo quem sou.

Outra coisa que o obriga a assumir uma posição nas redes sociais é o seu público e/ou a reputação da sua empresa. Dez anos atrás, se alguém não estivesse satisfeito com o serviço do resort em que se hospedou em algum paraíso tropical, simplesmente diria isso a um punhado de amigos e parentes. Hoje, é mais provável que publique uma crítica online, e milhares de pessoas, conhecidas ou não, poderão vê-la. A pior parte é que o comentário publicado pode não ser uma avaliação justa do serviço geral do resort.

Bastam apenas algumas críticas negativas ou reclamações sobre você, sua empresa ou seu produto para acarretar oportunidades perdidas e uma percepção prejudicada sobre você e sua marca. Seus clientes estão online, e é fundamental gerenciar sua reputação nas redes para proteger sua marca, pois ela pode ser a primeira impressão que o público terá sobre você.

Ferramentas sociais como Yelp, Facebook, Twitter, YouTube e milhares de sites de blog com enorme alcance aumentaram as vozes de seus clientes e dos potenciais clientes para sua empresa. Sejamos realistas: Quase qualquer coisa pode ser publicada sobre você ou sua empresa, independentemente dos fatos. Além disso, é mais provável que uma pessoa descontente gaste seu tempo para publicar do que uma satisfeita, porque a pessoa descontente está com toda a sua atenção focada no que considerou uma experiência ou troca negativa.

Não importa quem você seja ou qual seja o seu negócio, quando começa a receber atenção e a ter algum sucesso, é apenas uma questão de tempo até que alguém publique algo negativo sobre você online. É impossível evitar isso. A única maneira de não chamar a atenção é se esconder sob uma rocha, e mesmo assim você será descoberto. Com a influência das redes sociais, aqueles que o criticam, talvez até aqueles que o invejam, e aqueles que concorrem com seu produto ou sua empresa, podem facilmente aparecer online para criticá-lo.

Críticas, clientes insatisfeitos, opiniões divergentes, oposição e até mesmo agressões intencionais e maldosas à marca não são novos desafios nos negócios. Essas questões existem desde a criação da fofoca e da concorrência. É o poder, a acessibilidade e o alcance da web que tornam a reputação das redes sociais um novo problema.

Aqui estão algumas ideias para você gerenciar ataques nas redes sociais:

1. Trate sua reputação nas redes sociais como sua reputação pessoal. Lide com ataques online da mesma forma que faria com um pessoal. Lide com eles, não delegue nem pegue leve. Nada é mais importante do que seu nome e sua reputação.

2. Trate TODAS as publicações negativas como oportunidades. Todas as reclamações, críticas e insatisfações dos clientes devem ser tratadas como oportunidades, não problemas (até que provem ser outra coisa). Um cliente insatisfeito ou uma publicação negativa pode ser transformada em uma apreciação ou um elogio quando tratada corretamente. Tenho uma política em minha empresa na qual entro em contato com todos os clientes que expressam uma reclamação. Meu objetivo é transformar qualquer problema em uma vitória para todos.

3. Aborde imediatamente. Quanto mais cedo lidar com a reclamação, mais fácil será solucioná-la. Responda imediatamente e pessoas razoáveis o apreciarão por torná-las uma prioridade. Não responda com a intenção de pedir que removam uma publicação ou crítica, mas trate de sua preocupação. "Puxa, vi o que você publicou e quis ligar imediatamente e ver o que posso fazer para resolver o assunto. Não tinha a menor ideia. Conte-me o que aconteceu. O que posso fazer para resolver isso?" A maioria das pessoas, quando tratada corretamente, retratará a publicação ou publicará o quanto você é bom.

4. Entre em contato diretamente. Não responda publicamente online a algo negativo, pois só chamará mais atenção para o fato. Como qualquer comunicação, é melhor tratar o assunto diretamente por telefone, mensagem direta ou mesmo pessoalmente, se possível. Tenha cuidado para não sugerir que há algo condenável na mensagem, mas, em vez disso, deixe a parte saber que deseja ver o que pode fazer para lidar com seu aborrecimento.

5. Seja proativo. A melhor solução para gerir sua reputação é o ataque, não a defesa. Crie iniciativas para coletar publicações e depoimentos positivos, até mesmo vídeos, sobre você e sua empresa. Incentive e facilite que as pessoas que o amam e fazem negócios com você façam uma boa propaganda. Crie uma campanha agressivamente positiva de relações públicas sobre seus bons trabalhos, empreendimentos e contribuições que superarão qualquer publicação negativa.

6. Conheça suas limitações. Embora eu acredite que toda reclamação é uma oportunidade, é preciso saber quais batalhas travar e quais abandonar. Existem pessoas cujos objetivos reais são consumir você, seu foco e sua energia. Elas não buscam uma solução. Procuram drená-lo como um vampiro. Algumas pessoas só estão interessadas em fazer barulho, trazer negatividade e incitar o ódio. Ignore-as, pois elas provaram estar interessadas apenas no que é negativo.

O mais importante é tratar sua reputação nas redes sociais da mesma maneira que trataria sua reputação pessoal e pública. É apenas uma questão de tempo antes que alguém publique comentários negativos sobre você, o que pode incluir exageros de insatisfação, com alguns chegando até a criar informações falsas. É um fato da vida que, na medida em que você recebe atenção, em algum momento receberá críticas.

Proteger sua reputação online exige que você saiba o que pode fazer para que o público que o pesquisa obtenha a história correta. Faça disso uma prioridade e seja proativo!

Por fim, a desculpa número um para não usar as redes sociais é não ter tempo. E, concordo, você não tem tempo a perder com redes sociais como 99% dos usuários, mas deve aprender a usá-las como uma forma de economizar tempo. Ganhe tempo, torne-se conhecido e estabeleça uma forte reputação nelas. Trabalho em três páginas do Facebook, um feed do Twitter e uma conta do Google+. Não é a falta de tempo que o impedirá de fazer isso. É apenas falta de comprometimento e compreensão do que elas podem fazer por você.

CRONOGRAMA DE SUCESSO DE VENDAS DE US$250 MIL

CRONOGRAMA DA PROSPERIDADE DE US$250 MIL

"Vá trabalhar para prosperar, não para trabalhar."

6h	Acorde (a regra é duas horas de antecedência se precisar estar em algum lugar)
	Escreva metas de longo prazo
	Exercite e ouça/assista ao treinamento motivacional (controle suas entradas)

CAPÍTULO VINTE E UM CRIE PRESENÇA NAS REDES SOCIAIS

7h   *Vista-se para o sucesso*

Transforme o tempo no trânsito em tempo de aprendizado (conteúdo relacionado a treinamento em vendas)

Saia para comer: Seja visto entre potenciais clientes

7h45   *Chegue cedo ao escritório*

Crie um plano de batalha para metas de curto prazo

Reunião diária de vendas (curta, positiva, vinte minutos no máximo)

Crie uma lista de prioridades de com quem você pode falar hoje

"Salvar um negócio": Lista de negócios anteriores, com plano de salvamento

"Grandes atitudes" iniciais usando o plano de batalha

Acompanhe 100% das oportunidades de ontem (sem exceções)

Ligue para cinco clientes para buscar atualizações sobre o serviço

Ligue para os destinatários das correspondências/e-mails enviados na semana passada

Entre em contato com todas as oportunidades da semana passada

12h   *Ligue para um cliente da lista e convide-o para almoçar*

Almoce com o cliente ou seja visto no local onde ele estiver

13h-17h   *Prospecção maciça*

Envie correspondência para cinco clientes para os quais vendeu

Contate todos os clientes com quem falou nos últimos dez dias

Contate cinco amigos

    Fale com cinco contatos comerciais

    Envie cinco cartões de aniversário

    Faça visitas pessoais a clientes em seus escritórios antes do final do dia

17h-20h *Gerencie compromissos e o tráfego de entrada*

    Continue trabalhando no telefone até o fim do dia

20h-22h *Atualize o plano de batalhas de amanhã*

    Vá para casa/esteja 100% com seus entes queridos

    Evite a TV

    Faça uma lista de ótimos contatos para fazer no resto da semana

    Escreva suas metas de longo prazo novamente

    Relaxe para dormir

OS COMPROMISSOS DIÁRIOS DO VENDEDOR PROFISSIONAL

Comprometo-me a trabalhar meu plano todos os dias!

Comprometo-me a ter uma atitude "posso fazer" com cada cliente!

Comprometo-me a fazer o que for preciso!

Comprometo-me a superar as expectativas dos meus clientes!

Comprometo-me a permanecer focado no que desejo!

Comprometo-me a aproveitar todas as oportunidades até o fim!

Comprometo-me a acompanhar todas as oportunidades!

Comprometo-me a ser altamente ético em todas as áreas da minha vida!

Comprometo-me a fazer alterações quando necessário!

Comprometo-me a me educar todos os dias!

Comprometo-me a treinar todos os dias!

Comprometo-me a fazer a coisa certa!

Comprometo-me a ser a pessoa mais positiva que conheço!

Comprometo-me a parar de dar desculpas e apenas fazer acontecer!

Comprometo-me a realizar meus sonhos por meio de minhas ações!

OS DEZ MANDAMENTOS DAS VENDAS

Mandamento nº 1: Seja orgulhoso e positivo

Vista-se com orgulho, aja com orgulho e seja a pessoa mais positiva que seu cliente conhecerá.

Mandamento nº 2: Vista-se para ganhar a venda

Mandamento nº 3: Enxergue a venda

Os clientes não compram; o vendedor vende. Se deixar isso para o cliente, nada acontecerá. Se não conseguir enxergar isso acontecendo, nunca o fará. Você deve enxergar a venda antes que ela realmente aconteça. Você tem que saber que pode fazê-la e enxergar o cliente como proprietário do seu produto, pagando por ele ou se tornando proprietário com você. Se não conseguir fazer isso, não vai acontecer.

Mandamento nº 4: Esteja vendido à sua oferta

Isso é o mais importante em todas as vendas. Se não puder fazer essa venda, não fará muitas das que lhe pagam! Conheço vendedores que vendem produtos que nem possuem. Como pode fazer isso e esperar vendê-los? Toda semana escrevo uma lista dos motivos pelos quais as pessoas devem ter meus produtos e por que vale a pena investir neles.

Mandamento nº 5: Conheça sua proposta de valor

Na maioria das vezes, sua proposta de valor não tem nada a ver com seu produto. O que você tem e oferece que diferencia sua proposta de todas as outras? Descubra o que é valioso para eles — o que faria você agir?

Mandamento nº 6: Sempre concorde com seu cliente

Quando ouvir algo a que se opõe ou de que discorda, concorde. Mesmo que o cliente esteja errado sobre algo, não vale a pena dizer isso a ele. Sempre, sempre, sempre concorde com seu cliente: "Você está certo", "Concordo", "Estou com você!" Muitas vezes, é melhor apenas aceitar seu cliente do que tentar lidar com ele. Às vezes um "Concordo com você" é o suficiente.

Mandamento nº 7: Demonstração exagerada

Certifique-se de demonstrar o dobro do valor ao demonstrar um produto. Ninguém gasta US$200 mil em algo que vale US$200 mil. Eles apenas gastam US$200 mil quando acreditam que estão recebendo algo que valha mais do que estão gastando. Exagere sua apresentação de forma que as pessoas não possam viver sem sua oferta.

Mandamento nº 8: Use o tempo com eficiência

O comprador do século XXI tem pressa. Meu objetivo é vender o máximo que puder no menor período de tempo possível. Atalhos só lhe custarão mais tempo. Passar mais tempo com seu cliente NÃO garantirá uma venda, na verdade afetará negativamente sua taxa de fechamento e seu lucro bruto. Gastar tempo com qualidade e conhecer os valores do seu comprador economizará tempo para tudo.

Mandamento nº 9: Assuma o fechamento

"Venha comigo e lhe mostrarei como é fácil obter seu novo _____", "Se não houver outras razões para dar o próximo passo, venha comigo." Dificulte a negativa do cliente, faça uma pergunta e espere pela resposta. "Venha comigo" e "assine aqui" são duas das frases mais poderosas para um vendedor.

Mandamento nº 10: Sempre insista no fechamento

Até que uma transação seja fechada, você não forneceu nenhum valor para o seu cliente. A maioria dos vendedores nunca tenta fechar da primeira vez, muito menos insiste o suficiente para conseguir a venda. "Assine aqui" são as palavras de um negociador. Ser capaz de lidar com todos os obstáculos e as objeções que surgirem é o que determina se você terá sucesso ou não!

CAPÍTULO VINTE E DOIS

DICAS RÁPIDAS PARA SUPERAR OS MAIORES DESAFIOS EM VENDAS

Entrevistamos vendedores para descobrir quais eram seus maiores desafios em vendas. Suas principais respostas foram compiladas neste capítulo. Não importa se esse é um problema que você vem enfrentando ou se ainda vai enfrentar, é interessante saber quais são esses desafios e conhecer minhas breves reflexões sobre cada um deles.

REJEIÇÃO

A rejeição não é um problema da venda. Ela é parte da condição humana e uma experiência ou ilusão criada pela pessoa que a vivencia. Se não gosta de ser rejeitado, você é mais normal do que pensa. Nunca encontrei alguém que goste. Além disso, se acha que pode evitar a rejeição, desculpe, mas você está no planeta errado.

Se deseja algo, pede ajuda, e a pessoa recusa, está sendo rejeitado. Então, ou você vai embora desapontado, rejeitado e triste, ou se empenha e descobre como fazer com que essa pessoa o apoie.

Por exemplo, um sem-teto é rejeitado quando recebe uma resposta negativa ao pedir 25 centavos? Talvez. Ou talvez ele precise mudar sua apresentação e oferta. Um garoto rico convida uma garota para sair e ela diz não. Ele foi rejeitado? Talvez ele precise mudar sua apresentação e oferta e não parecer o cara rico que sempre consegue o que quer. Veja, neste caso usei dois extremos e ambos receberam um não como resposta.

Penso que a rejeição sentida como emoção é realmente o que acontece quando uma pessoa tem um baixo nível de responsabilidade ao agir. "Não consegui o que queria, então agora vou sentir pena de mim mesmo, chamar isso de rejeição e agir como uma vítima." Não há nada acontecendo com você. Está acontecendo por sua causa!

Como você lida com a rejeição é a chave. Tente evitá-la e estará condenado, porque desistirá. Se começar a pensar menos em seu produto ou oferta depois de ouvir um não, então estará sendo vendido para a estratégia de outra pessoa. Quando ouve "não", "ainda não" ou "compramos de outra pessoa", você foi rejeitado? A rejeição só é sentida como uma sensação negativa se você não assumir total responsabilidade pela situação.

Quando me negam algo, não considero rejeição. Penso no que poderia fazer diferente da próxima vez para fechar o negócio. Como posso ser mais eficaz? Como transformar essa pessoa em cliente da próxima vez? Ninguém lhe diz: "Estou rejeitando você", simplesmente diz não à oferta. Você cria a ilusão de que foi rejeitado. A rejeição é experimentada por quem não deseja ser responsável pelo resultado.

AMBIENTES NEGATIVOS

Esta é uma queixa importante dos vendedores: Estar rodeado por negatividade. A facilidade com que as pessoas podem se inserir na área de vendas e as lamentáveis baixas demandas por treinamentos por parte das organizações de vendas podem criar ambientes negativos.

Mas tudo que precisa fazer é se sentar em frente à TV e ver que quase tudo neste planeta é negativo. O problema, em qualquer lugar, é que a negatividade é uma doença contagiosa por natureza, afetando todos ao redor. Quando há pessoas negativas em um ambiente de vendas, isso destrói sua capacidade de ser focado, produtivo e eficaz. A última coisa que um cliente deseja é negatividade. As pessoas a têm sem uma apresentação de vendas. Acredito que seus clientes pagarão mais por uma atitude positiva do que por um ótimo produto.

Manter um ambiente positivo é fundamental para seu sucesso nas vendas. Isso inclui seu ambiente físico, bem como o que se passa entre suas orelhas. Acredite, você ouvirá bastante negatividade por parte da mídia e dos clientes. A última coisa que você precisa é que seus colegas ou sua família adicionem mais lenha nesta fogueira.

Deixe claro que você não vai tolerar conversas ou pensamentos negativos perto de você. Coloque um aviso em seu escritório que isso não é mais tolerado, assim como não tolera que despejem lixo ou sujeira em seu espaço. Seja duro com quem o rodeia: NENHUMA NEGATIVIDADE PERMITIDA AQUI. Se não tiver algo positivo a dizer, vá embora até que tenha! Conversas ou referências negativas sobre clientes devem ser contra as regras e repreendidas pela gerência. Conversas negativas sobre sua linha de produtos, a empresa ou a administração devem indicar imediatamente que a pessoa está jogando contra o grupo. Se as pessoas não puderem trazer soluções e melhorias e tudo o que oferecem é negatividade, então são suas inimigas, inimigas da empresa e até de si mesmas.

DISCIPLINA

Provavelmente, o fator mais importante para qualquer sucesso é a capacidade de aparecer dia após dia e fazer as coisas certas. A pessoa, empresa ou equipe que não é capaz de realizar ações disciplinadas vai passar por altos e baixos.

Em vendas, a falta de disciplina terá um impacto negativo em sua apresentação, motivação, capacidade de prever resultados, acompanhamento e capacidade de manter seu pipeline cheio. A falta de disciplina é alarmante nas vendas, porque muitos cargos de vendas são baseados em comissões. Isso permite que o vendedor acredite que pode se autogerir e se safar com atividades irregulares e indisciplinadas. A economia vai disciplinar quem trabalha com esse senso de liberdade. Se deseja ter sucesso nas vendas, deve ser disciplinado. É por isso que eu lhe apresento aqui uma programação.

Um espaço em branco em uma agenda é um desastre para o vendedor. Mantenha sua agenda cheia, mantenha-se ocupado e sempre siga em frente. Discipline as pequenas coisas, como seu horário de dormir, de acordar, a primeira coisa que faz todos os dias, quando começa a trabalhar, como começa cada dia etc. A razão pela qual a disciplina é tão importante nas vendas é porque há centenas de coisas aleatórias acontecendo, e quanto mais estabilidade você puder criar pessoalmente, mais seguro estará e mais certos serão seus resultados.

A ECONOMIA

A economia é uma fonte de preocupação para organizações de vendas e vendedores. Quando as coisas vão bem, as pessoas e as empresas gastam dinheiro, e parece mais fácil vender. E é nesses momentos que a concorrência é ainda mais acirrada. Quando a economia fica mais escassa, incerta e contraída, a venda se torna mais difícil porque as pessoas ficam mais cuidadosas com seus gastos.

Pessoalmente, vendo mais quando as economias estão se contraindo do que quando estão se expandindo, porque é o momento de usar minhas outras habilidades para me destacar, como ética no trabalho, disciplina e uma atitude positiva. Quando as pessoas estão focadas em como a economia está "ruim", consigo obter contas que talvez não conseguisse antes. As pessoas cometem muitos erros durante a contração da economia, porque reagem incorretamente a ela.

Economias difíceis resultam em contenção de gastos e investimentos, incerteza na tomada de decisões, empréstimos mais restritivos por parte dos bancos e muito mais. É quando o profissional e suas habilidades vencerão o jogo. Se estiver em vendas por tempo suficiente, passará por economias estagnadas, ótimas e terríveis. Esteja preparado para todas elas. Ao vender, você pode criar sua própria economia, em vez de dançar conforme a música que todos tocam. Tire proveito dos tipos de economia, porque você passará por todos, e cada um deles oferece oportunidades.

CONCORRÊNCIA

Em meus seminários, sempre terei alguém me perguntando: "O que eu faço com o cara que vende um produto inferior/semelhante/igual por menos do que eu?" A pergunta que faço é: "E o concorrente que tem um produto superior e vende por menos do que você!?"

Minha resposta para esta situação é: "Por que você está concorrendo?" Não concorra, domine com seu produto, sua empresa, sua personalidade e sua oferta. Se não for diferente, os outros vão vender sempre mais do que você, com um preço mais baixo ou uma oferta melhor. Nenhum produto permanece superior para sempre! Mais cedo ou mais tarde, alguém criará um X melhor e você terá preços mais baixos e menos vendas, seguido de menos sucesso.

Em meu livro, *10X*, falo que concorrência é para fracotes. Você não quer competir, quer dominar um setor. O objetivo é fornecer ao seu cliente tanta atenção, acompanhamento e serviço que ele nem considere comprar de um concorrente. Encontre uma maneira de se diferenciar. A proposta de valor deve ser sempre o que você tem a oferecer.

Certa vez, um cliente me disse: "Posso conseguir um negócio melhor com fulano de tal." E respondi: "Você não terá a mim nessa transação. Assine aqui e vamos em frente." E ele assinou. Não concorra. Possua e domine seu setor!

CONHECIMENTO DO PRODUTO

Os produtos estão mudando tão rápido hoje que é quase impossível acompanhá-los. Seja o menu do restaurante, os 38.718 produtos no supermercado, as regulamentações sobre hipotecas e produtos financeiros ou os avanços técnicos de todos os produtos manufaturados em massa, conhecer o produto é um grande desafio para os vendedores.

Independentemente do setor em que atua ou do produto que vende, haverá avanços que o tornarão atual e atraente para seu cliente. Com isso, vem o desafio de ficar por dentro dessas melhorias. Os únicos vendedores para os quais isso é um problema são aqueles que não estão comprometidos, que não têm tempo para estudar e que superestimam o conhecimento do produto como uma solução de vendas.

Se não estiver comprometido, você será esmagado e o conhecimento do produto será apenas uma de suas desculpas. Se não reservar um tempo para estudar, perderá credibilidade com seus clientes e isso será difícil. E, por último, se superestimar o conhecimento do produto como uma solução, ficará gravemente desapontado.

Com o advento e a facilidade da internet, 90% de todos os compradores buscam sua próxima compra ou investimento online. Com isso, encontram tanto desinformação quanto informações precisas. Mas a boa notícia é que eles ainda precisam de algumas informações do vendedor para ajudá-los na tomada de decisão. Não se prenda ao conhecimento do produto, mas aprenda o suficiente sobre ele para permanecer confiável e também para personalizar sua proposta de valor. Lembre-se, poucos compradores querem apenas uma furadeira. A maioria deles quer fazer um furo, e outra grande parte quer a ferramenta por causa do problema que ela vai resolver!

ACOMPANHAMENTO

Essa deve ser a maior fraqueza dos vendedores e das organizações de vendas. Na maioria das vezes, quando tenho uma experiência com uma empresa ou indivíduo, não tenho acompanhamento. E quando me acompanham, é apenas por uma ou duas vezes, e então sou esquecido ou descartado novamente como uma perda de tempo.

Até minha empresa erra aqui por não acompanhar o suficiente os clientes. Existem milhares de ferramentas de gestão de relacionamento com o cliente (CRM) que foram criadas com o objetivo de resolver este problema. Algumas empresas chegam a contratar operadores de telemarketing para garantir o acompanhamento.

Os melhores vendedores que conheço são aqueles que são ótimos em acompanhar, permanecer conectado, manter contato e usar a criatividade para manter seus clientes para quem venderam ou não pensando neles. Acompanhar alguém para quem acabou de vender é uma coisa, e oferece seus próprios desafios. Depois, há o acompanhamento daquele para quem não vendeu. Adicione a isso a pessoa para quem não vendeu e que comprou de outra pessoa. E quanto à pessoa, empresa ou gerente de conta que você sabe que comprará seu produto no futuro, mas ainda não demonstrou interesse?

Todas essas são oportunidades que oferecem desafios e exigem criatividade. O acompanhamento exige uma clareza eterna sobre o seu propósito e que você permaneça vendido para dar conta de tudo. Não estou interessado em *uma parte* do mercado. Quero ele *todo*. Um bom acompanhamento exige comprometimento, motivação, atitude positiva, mentalidade incansável, habilidades organizacionais, suporte, lembretes e muita criatividade, coragem e persistência.

Há clientes que acompanhei por 10 anos antes de fechar meu primeiro negócio. Há clientes que tenho agora, enquanto escrevo isto, que vêm à minha mente e cujos negócios ainda estou para ganhar: Uma editora de livros, uma empresa automotiva de capital aberto com mais de 3.400 filiais, uma produtora internacional que quero conquistar e muito mais. Com o acompanhamento, você não sabe quando eles finalmente mudarão de ideia.

Permanecer comprometido e criativo é essencial, e é ainda mais importante se manter interessado e não se esquecer de seus clientes. Quando você os esquece, com certeza eles o esquecerão. Lembre-se de como obtive a maior venda da minha vida — conseguir um encontro com minha esposa — fiquei interessado, continuei a encontrar maneiras criativas de me manter por perto, e agora ela está presa a mim por toda a vida.

ORGANIZAÇÃO

Manter a organização é um desafio, porque vivo a 320 quilômetros por hora e crio muitas atividades e ciclos inacabados ao meu redor. Isso significa que preciso de ajuda para organizar as ações anteriores e as próximas. Ser rápido não significa que não gostaria de ser organizado.

Gosto de ordem, pois me dá uma sensação de controle, e amo controlar! Uma boa capacidade de organização permite otimizar sua bagagem, ou ainda melhor, viajar com pouca bagagem, levando apenas o necessário. A organização me permite encontrar coisas mais rapidamente, fazer contatos de forma mais rápida e, com sorte, fazer mais contatos ainda. O tipo de organização que apenas desacelera as coisas é um tipo diferente da que estamos falando aqui.

A organização é fundamental para ser capaz de, posteriormente, encontrar coisas, acompanhar e identificar o que você sabe sobre um cliente e onde conversar com ele. Hoje em dia existem CRMs, ferramentas de arquivamento, armazenamento e acompanhamento disponíveis indefinidamente para ajudá-lo a se organizar melhor. A questão é descobrir como usá-las, já que elas vão apenas colocar as coisas no lugar. Ainda será preciso desenvolvê-las.

A organização é essencial para o vendedor, então reserve um tempo para certificar-se de registrar CADA interação com um potencial cliente, com celular, e-mail, fotos, nomes de assistentes, fontes de motivação, desejos e aversões, família e o que é fundamental para o indivíduo. Independentemente do resultado da interação, NUNCA descarte esses dados. Mesmo quando sair de cena, certifique-se de mantê-los, pois você pode precisar deles no futuro.

Sua capacidade de organizar seu espaço, seu pensamento, seus clientes, seu escritório e seu próprio ambiente físico são importantes para organizar o seu sucesso.

AVERSÃO A TELEFONEMAS

Este é o fenômeno pelo qual um indivíduo cria razões para não ligar ativa e agressivamente para os clientes. Os vendedores têm sofrido com esse problema há anos.

Sempre que não está ligando para um cliente, está sofrendo de alguma forma de aversão a telefonemas. Cuidar da papelada, organizar sua mesa, arquivar, calcular possíveis comissões, contar dinheiro, fofocar e passar um tempo no café são apenas alguns exemplos de aversão a telefonemas. Isso custa aos vendedores mais do que qualquer coisa que possam comprar.

Em última análise, a aversão a telefonemas surge do fato de não se estar constantemente motivado e treinado em seu trabalho como vendedor. Quando SABE o que fazer, o que dizer, como lidar com objeções, marcar compromissos e lidar com atrasos e outros desafios, você não sentirá aversão a telefonemas. O tempo de experiência em vendas não o protege de tê-la.

Vendedores motivados, regularmente treinados e, especialmente, envolvidos em exercícios práticos de treinamento são menos propensos a ser vítimas da aversão a telefonemas. Isso não é uma doença, e não significa que você não esteja preparado para vender. Ela é uma indicação de falta de treinamento, motivação e educação, itens que aumentam a confiança do profissional de vendas.

ABASTEÇA SEU PIPELINE

As vendas são um jogo de números até certo ponto. Se você tem uma taxa de fechamento de 100% e só telefona para uma pessoa em sua carreira, seu sucesso será limitado a isso. Manter o pipeline cheio o tempo todo é essencial para ser bem-sucedido.

A maioria dos vendedores mede apenas as vendas recentes, mas é preciso avaliar e medir tudo o que abastece o pipeline: Vendido, não vendido, perdido para o concorrente, pedidos, indisponível até o próximo trimestre, referências, nova venda etc. Um dos erros mais comuns que observo em vendedores e organizações é que eles celebram as vendas e não abastecem o pipeline. Um dos pontos negativos de vender para um cliente é que você o perde e precisa reiniciar o ciclo com outra pessoa. É isso que quero dizer sobre manter o pipeline cheio.

É muito trabalhoso fazer uma venda e substituir imediatamente um cliente por outro. Em meu livro *10X*, falo muito sobre o fato de que as pessoas subestimam a quantidade de energia e esforço necessários para criar sucesso e, então, mantê-lo. Conquistar algo é uma coisa, mantê-lo é outra coisa totalmente diferente. Em vendas, você deseja um pipeline cheio de possibilidades para não depender do sucesso de qualquer coisa. Vendedores sem pipelines cheios ficam desesperados e facilmente abalados. Certa vez, atendi a ligação de um colega, reclamando de um cliente potencial que cancelou uma reunião, e eu disse: "Se seu pipeline estivesse cheio, você ficaria feliz por ele ter cancelado, não chateado. Você está chateado não porque ele cancelou, mas porque não conseguiu encher seu pipeline!"

Encha o seu pipeline, mantenha-o cheio, transborde-o se quiser, e nunca pense que já tem o suficiente nele.

FECHANDO O NEGÓCIO

Negociar e fechar a transação pode ser um problema para os vendedores. Acredito que seja esse o caso, principalmente porque fechar não é vender. O fechamento foi ensinado como se fosse uma técnica de venda, mas é apenas uma extensão dela e é, na realidade, uma arte completamente diferente.

Vender é identificar necessidades, selecionar a solução certa e demonstrar como seu produto ou serviço resolve o problema. Fechar é fazer com que o comprador tome uma atitude e concorde em trocar algo de valor pelo que você oferece, ou seja, aceite sua oferta e solução.

Conheci vendedores profissionais bons em construir relacionamentos e conquistar pessoas, em deixá-las entusiasmadas com seus produtos/serviços e em acompanhá-las e, embora todas essas habilidades sejam importantes, se não fossem capazes de fechar, não teriam sucesso.

Bons vendedores sabem que tudo o que precisam para serem bons é dedicar um tempo para se tornarem profissionais em negociações e fechamentos, aproveitar os investimentos feitos no processo de venda antes de fechar a transação. Só porque alguém pode lutar não significa que possa boxear ou lutar no UFC. Fechar é uma arte e qualquer pessoa pode aprendê-la. O fechamento exige um enorme arsenal de técnicas, transições, respostas, contadores e estratégias.

A decisão mais produtiva que tomei nas vendas foi meu compromisso de controlar o fechamento. Criei várias ferramentas que as pessoas podem usar para se tornarem mestres nessa coisa chamada fechamento. Confira nosso aplicativo em www.CloseTheSaleApp.com. Veja também meu livro *Closer's Survival Guide: Volume I*, que inclui 126 fechamentos. Estou preparando mais dois volumes dele. Se você gostar de aprender visualmente, outra ferramenta eficaz de ensino de fechamento é meu site de treinamento virtual, que oferece mais de 300 fechamentos em vídeos full-motion sob demanda.

CHAMADAS NÃO RETORNADAS

Em minha carreira, mais pessoas não retornaram minhas ligações do que as atenderam. Você precisa entender que quando as pessoas não ligam de volta, não significa que não estejam interessadas em você ou no seu produto. Claro que pode significar isso, mas não é uma regra. Talvez não tenham recebido sua mensagem, talvez tenham ficado sobrecarregadas com outras coisas ou talvez simplesmente não tenham noção de boas maneiras que as obrigue a retorná-las.

Eu pessoalmente me esforço para responder a todas as ligações que recebo, independentemente do meu interesse nelas ou em quem me liga. E se não conseguir atendê-las, farei com que meu assistente responda, solicitando mais informações ou informando à pessoa que não estou interessado. Acredito que é importante manter o fluxo de comunicação aberto em qualquer uma das vias. Se parar de me comunicar, posso interromper outros fluxos necessários.

Agora, só porque atendo às ligações das pessoas e repondo seus e-mails, não significa que outras pessoas façam isso ou devam fazê-lo. Nunca levo para o lado pessoal quando as pessoas não me ligam de volta. Sempre deixo mensagem quando ligo para alguém. E continuo ligando, independentemente de receber uma resposta ou não. Quando alguém não retornar sua ligação, não tente entender o que a falta de resposta significa.

LIGOU PARA O CLIENTE + DEIXOU UMA MENSAGEM + CLIENTE NÃO RETORNOU SUA LIGAÇÃO = ?????????

Você não sabe o que significa quando um cliente não liga de volta, mas o que deveria significar é que precisa continuar a ligar, fazer contato, enviar e-mails ou fazer visitas até descobrir o que isso quer dizer! Só porque o cliente não está interessado hoje, não significa que não estará interessado amanhã. Só porque você não é uma prioridade esta semana ou esta tarde, não significa que deve parar de ligar.

Nunca mencione as chamadas não respondidas, nem culpe o cliente por elas. Isso não é responsabilidade dele, e ele nem mesmo concordou em lhe retornar. Você deve fazer o acompanhamento, e quanto mais criativo e persistente for, melhor. Varie os tipos de comunicações e mensagens — torne-as criativas. Se os e-mails não estiverem funcionando, tente uma carta. Se não funcionar, tente ligar e visitá-lo pessoalmente. Se nada disso funcionar, sempre os coloco em uma "lista de ajuda" e, em seguida, pergunto a outros clientes se podem me ajudar com alguém da lista. Às vezes, é apenas uma questão de encontrar a pessoa certa, na hora certa. Lembre-se, desistir não é uma opção, e culpar o cliente é apenas não assumir a responsabilidade. Nada está acontecendo *com* você. Está acontecendo por sua causa.

MEDO

O medo não é real. Eu sei que quando estamos com medo, pode até parecer real, mas, na verdade, ele não existe no universo físico. Este fator invisível e intangível chamado medo motiva alguns, mas também imobiliza milhões de pessoas todos os dias, impedindo-as de tomar as decisões necessárias. Isso é muito poderoso, certo? Nas vendas, o medo pode matar suas chances de sucesso, mas aqui está o segredo: A maneira de acabar com ele é agir. Não há nada como uma onda de ação inabalável e vitoriosa para extinguir totalmente aquele monstro chamado medo (isso, e um ótimo senso de humor).

Uso o medo todos os dias para me inspirar — como um indicador das coisas que tenho que enfrentar. Entenda minha frase: "Eu uso o medo." Não é o contrário. O medo, embora não seja real, é muito poderoso, e sou crescido o suficiente para admitir que o sinto. Meu sucesso é que eu o uso para seguir em frente — na verdade, para ir exatamente em direção àquilo de que tenho mais medo. Este é um exercício existencial que você pode fazer, perguntando-se primeiro: "Posso enfrentar meus medos?" Quanto mais você pratica se mover na direção daquilo que teme, mais isso se torna um hábito, uma segunda natureza. Você pode até começar o dia perguntando: "Quem ou o que eu mais temo hoje?" A resposta deve lhe dar uma direção a seguir. Agir sobre as coisas que teme é a forma de criar coragem. Coragem é um exercício de ação, não apenas uma característica. Todos podem ser corajosos. Basta agir. Faça isso e chegará ao ponto em que começará a procurar por mais coisas que lhe provocam medo. Porque enfrentá-las é realmente muito divertido e a recompensa vem em forma de confiança e sucesso.

Quando fiz 45 anos, minha esposa, que na época era minha noiva, pensou que me surpreenderia me levando para saltar de paraquedas pela primeira vez. Ela já havia saltado três vezes e queria me assustar, fazendo-me uma surpresa no meu aniversário. Eu não conhecia nada sobre o assunto, e ela queria me deixar assustado. Eu estava com medo? Claro que sim, mas disse a mim mesmo: "Ficar aflito não abrirá seu paraquedas." A parte mais difícil foi subir de avião a 10 mil pés, antecipando o salto para a minha possível morte. A lista de todas as coisas que podiam dar errado encheu minha mente durante aquela subida de vinte minutos, mas continuei dizendo a mim mesmo: "Quanto mais você faz o que teme, mais corajoso se torna. Ficar com medo não abrirá o paraquedas."

Olhei à minha volta e vi minha noiva linda e confiante ao meu lado, olhando para mim, esperando que eu demonstrasse medo, mas eu me recusei a fazê-lo. Lancei-lhe um olhar que pensei sugerir: "Não tenho medo de nada", embora eu tivesse. Ela tocou meu peito para ver se o coração estava acelerado, na esperança de obter uma reação. Só quando abriram a porta do avião e as pessoas começaram a pular é que fiquei realmente com medo. Elena olhou para mim enquanto se aproximava da porta: "Vejo você no chão, amor", disse ela, e pulou. Foi quando tive mais medo, porque não havia nada que eu pudesse fazer por ela.

Enquanto a observava voar pelo céu, a ficha caiu: Estava prestes a pular. Em vez de tentar processar isso, optei por engolir o medo e agir. Recusei-me a deixá-lo me paralisar. Recusei-me a ser escravo dele. Recusei-me a deixar o medo me dominar. Em vez disso, usei o medo para agir e rolei para fora do avião. Foi a decisão de usar o medo que me permitiu agir, sem mencionar o fato de que minha garota havia pulado. O que eu faria, amarelar? Quando faz o que teme, você experimenta uma gratificação extrema. Ao sair voando pelo céu, fui libertado de qualquer ideia de ser impedido pelo bicho-papão. Mais tarde, quando me casei com aquela linda mulher, prometi-lhe que sempre superaria meus maiores medos para nos proporcionar um grande futuro juntos.

O medo em sua carreira de vendas e na vida deve ser um indicador e motivador do que você precisa e deve fazer! Superá-lo é apenas um exercício para fazer algo que lhe permitirá aumentar a confiança em si mesmo e levar sua carreira para outro nível. Lidar com o medo é apenas uma decisão. Então, comece a criar este hábito de identificar o que você teme fazer e para quem você teme ligar, e faça dessas suas primeiras ações. Garanto que você criará rapidamente a confiança tão essencial para um profissional de vendas. É como treinar constantemente em uma academia: De repente você descobrirá que seu músculo "destruidor do medo" é realmente poderoso, e o medo não o imobilizará mais. Em vez disso, vai motivá-lo.

AS PESSOAS E SUAS EMOÇÕES

Quando você se depara com um cliente ou cliente potencial que apela para a emoção e explode com você, saiba que está perto de fechar a venda. Nunca leve isso para o lado pessoal, nunca reaja e nunca aja com emoção em resposta. Você deve saber que, quando as pessoas ficam altamente emocionais, normalmente estão perto de concluir a transação. A chave é permanecer racional, calmo e controlado quando os outros reagirem com emoção e persistir, não importa o que aconteça a seguir. As emoções são uma das coisas mais superestimadas que existem. Um cara fica bravo porque sua proposta é o dobro do orçamento dele. "EU JÁ DISSE QUE SÓ POSSO PAGAR...!" Ele está chateado com você ou com ele mesmo? Se dobrar o orçamento é a melhor solução, então não reaja à explosão dele, apenas lide com isso racionalmente: "John, estou ciente de que este é o dobro do seu orçamento. Permita-me explicar por que estou lhe mostrando essa opção, apesar de você ter deixado claro para mim que só poderia gastar..." Fique calmo, tranquilo. Seja racional e saiba que a explosão passará quando seu cliente recobrar o juízo.

Todas as pessoas querem tomar a melhor decisão possível, então, quando fizer com que decidam comprar seu produto, saiba que está despertando nelas todos os medos, fracassos e frustrações do passado. Você pode ir contra seu próprio sentimento de insatisfação com a ideia de que ele não pode arcar com isso facilmente. Só porque ele compartilha sua explosão, e até mesmo a dirige para você, não significa que esteja realmente chateado com você. As explosões geralmente não são pessoais. São algo pelo qual todas as pessoas passam. Algumas delas apenas se expressam um pouco mais verbalmente do que outras, e podem demonstrar uma série de emoções no processo.

Não se deve interromper a busca pelo fechamento da venda toda vez que alguém fica chateado. É preciso ajudá-los de forma consistente e persistente, porque você é como um instrutor de rafting. É claro que você não deixaria de guiar seus alunos através das corredeiras mais radicais só porque todo mundo começou a pirar. Você manteria todos calmos, sabendo que as águas turbulentas não duram para sempre e logo vocês estarão do outro lado, onde as coisas estão mais tranquilas. Da mesma forma, é preciso guiar seu cliente potencial através do processo de vendas, das águas intensas, difíceis e emocionais, até o estado de calma e felicidade, quando o fizer comprar seu produto.

É seu dever ajudar os seus clientes potenciais! Não se deixe envolver por suas emoções. Pratique, treine e ensaie, mantendo a calma quando começarem a pirar. Esta habilidade pode ser desenvolvida, mas requer alguma prática. O maior problema da maioria das pessoas é quando se deparam com alguém extremamente emocional e lembram de algum problema não resolvido do passado, quando foram o alvo da emoção de alguém, e isso não acabou bem. É importante que você seja capaz de se concentrar no momento presente quando isso acontecer, caso contrário, não estará agindo racionalmente e, se não for racional, não encontrará soluções. As emoções são superestimadas e o passado é inútil quando se deseja criar um futuro. Fique calmo, tranquilo, e permaneça racional quando os clientes potenciais se emocionarem.

AS CONOTAÇÕES NEGATIVAS DAS VENDAS

A venda carrega uma conotação negativa por causa de vendedores incompetentes, que nunca se deram ao trabalho de se tornar verdadeiros profissionais e dominar seu ofício. Essa falta de autoestima em relação à carreira de vendas vem de uma falta de compreensão sobre como os vendedores são fundamentais para a economia e como um PROFISSIONAL DE VENDAS é diferente de um vendedor.

Um verdadeiro vendedor profissional é imune a qualquer negatividade, porque é um profissional e está operando em níveis muito além do jogador mediano. Ele sabe que vender é servir, e acredita tanto em seu produto, serviço, empresa e em si mesmo, que age não apenas para "receber a comissão". Um verdadeiro vendedor profissional é motivado pela oportunidade de ajudar os outros. É realmente admirado por todos com quem entra em contato, e muitas vezes é aclamado por clientes e colegas.

Se você se sentir desmotivado pela conotação negativa que tem a venda, basta se reconectar ao propósito do que está fazendo e à importância das vendas como uma carreira e para o desenvolvimento de economias inteiras. Releia a introdução e o Capítulo Um deste livro para relembrar seu propósito! Pessoalmente, sinto que vender é uma das profissões mais nobres porque, quando feito corretamente e com as intenções certas, gera um indivíduo muito independente, autossuficiente, forte, prestativo e extrovertido que está, de fato, em um nível mais alto do que a maioria. Um verdadeiro vendedor profissional é capaz de adentrar em qualquer circunstância e fazer amigos, ajudar outras pessoas, acalmar o caos e levar as pessoas a agirem. Grandes vendedores são líderes e pessoas que entendem as situações e inspiram os outros a fazer a coisa certa!

Pense em uma pessoa que o ajudou em sua vida, que realmente o afetou positivamente e o fez se sentir bem consigo mesmo. Escreva as cinco qualidades dessa pessoa que o fizeram se sentir bem. Agora escreva sobre como cada uma dessas qualidades faria de você um vendedor melhor.

Na minha vida, conheci alguns vendedores incrivelmente excepcionais e nunca deixei de me encantar por eles. Sua persistência, atitudes positivas, habilidades de escuta, interesse genuíno, disposição para aceitar responsabilidades, desejo de aprender e tantos outros atributos atraentes são inspiradores para mim. Gavin, por exemplo, quem mencionei anteriormente, é um verdadeiro profissional e um mestre excepcional em sua área. Está sempre vestido de forma profissional e é sempre positivo, paciente, persistente, compreensivo e empático. Ele é um ótimo ouvinte, gerencia a comunicação extremamente bem sem aderir a ela completamente, concorda comigo mesmo quando falo alguma bobagem, sabe como usar o humor e é tremendamente determinado e focado em sua missão de fechar o negócio. Essas qualidades tornam qualquer indivíduo atraente e separam Gavin de quaisquer conotações negativas associadas aos vendedores. Por causa dessas diferenças, ele pode me pressionar sem que tal "pressão" represente uma experiência negativa.

Torne-se um profissional em vendas e as pessoas não terão desprezo por você, mas respeito e admiração. Ninguém odeia um profissional. É o amador que é mal recebido em qualquer área.

NÃO TER A RESPOSTA CERTA

Nas vendas é bom saber o que dizer. A ferramenta número um de um vendedor é sua capacidade de se comunicar. Este é o mesmo motivo pelo qual as pessoas têm tanto medo de falar em público.

Claro, ninguém quer gaguejar, travar, congelar e não saber o que dizer ou fazer durante uma apresentação. A comunicação e a capacidade de saber a coisa certa a dizer na hora certa é um ponto definitivo que contribui para seu profissionalismo geral e seu sucesso. Hoje em dia, seu cliente pode estar tão informado quanto você — às vezes até mais — e espera que você saiba do que está falando. Além disso, é provável que ele tenha muitas opções que pode comparar com sua oferta, bem como preocupações financeiras que você terá que abordar em sua proposta de valor.

Haverá momentos em que você não terá a resposta para a pergunta do seu cliente. Sem problemas. A forma como você responde é a chave. Se não souber algo, pode dizer: "Não sei" ou: "Ótima pergunta. Deixe-me obter essa informação para você." Qual é a mais eficaz? Você pode pensar que não há muita diferença, mas garanto que elas são completamente diferentes. Uma demonstra que você não sabe a resposta e perde credibilidade. A outra reconhece a comunicação e mostra sua disposição em servir! Estar em posição de saber como responder a qualquer coisa exige que você continue a aprimorar constantemente suas habilidades de comunicação e mantenha uma atitude positiva e o conhecimento do seu produto.

Vender é parecido com falar em público. Se não souber o que dizer, não vai dar certo! Leia sua apresentação, trabalhe-a e conheça-a tão bem de forma a ser capaz de lidar com qualquer situação. Esteja preparado também para TODAS as possíveis perguntas, objeções, interrupções, obstáculos e atrasos por parte do cliente. Cada vez que ouço algo de um cliente que não ouvi antes ou para o qual não estava preparado, anoto e, em meu tempo livre, preparo uma série de respostas que posso usar no futuro para me ajudar a lidar com essa situação na próxima vez que acontecer.

Lembre-se: Você está em um negócio onde a comunicação é sua arma número um. Não se pode ajudar alguém se não for capaz de se comunicar de forma eficaz. Isso exige que esteja preparado para tudo e qualquer coisa, e tenha uma resposta sensata e lógica que promova sua causa e faça você, seu produto e sua empresa parecerem bons.

Nunca vou esquecer uma criança que batia de porta em porta no meu bairro para vender algum tipo de limpador orgânico incrível. Certa manhã, estava ocupado com ligações e projetos em meu escritório em casa e a campainha começou a tocar. Frustrado, parei o que estava fazendo e abri a porta. Este garoto batia nas casas da vizinhança, vendendo produtos de limpeza doméstica — tarefa difícil! Tenho uma admiração especial por quem vende de porta em porta, principalmente os garotos, mas estava ocupado e não estava interessado. Eu disse a ele que não tinha interesse. Quando estava fechando a porta, ele olhou para mim, sorriu e disse: "Eu entendo, chefe. Apenas me dê sessenta segundos para mostrar o que ele pode fazer." Enquanto me dizia isso, ajoelhou-se e começou a aplicar o limpador em uma mancha na soleira da porta. Ele me olhou e disse: "Estou aqui, com portas batendo na minha cara, apenas esperando que, se trabalhar duro o suficiente, eu possa viver como o senhor um dia!" Como não poderia deixar de ser, paguei-lhe US$200 por um produto pelo qual não me interessava cinco minutos antes.

Ele me ganhou no "Chefe" e sorriu quando tentei fechar a porta na cara dele, mas me conquistou porque estava preparado, o que lhe permitiu iniciar sua apresentação, demonstrar seu produto e, em seguida, fechar o negócio. Esteja preparado para SEMPRE ter uma resposta para cada situação.

SOBRECARREGADO PELAS OBJEÇÕES DO CLIENTE

As objeções ocorrem de várias formas para um vendedor: Quando busca conseguir uma reunião com o tomador de decisão, durante a apresentação de seu produto, nas negociações e no fechamento. Você sempre vai se sentir fraco ou com medo de ser oprimido pelas objeções se não conseguir lidar com elas. Nada substitui uma máquina de fechamento ninja assassina. Você precisa praticar, praticar e praticar nas suas horas vagas. Isso deve ser algo para o qual você se prepara constantemente. Faça uma lista de todas as objeções que ouvir para que esteja ciente do que pode acontecer e, em seguida, pratique lidar com todas elas de uma maneira que o ajudará a fazer a venda. Meu livro *The Closer's Survival Guide* é um ótimo recurso para fornecer aos vendedores maneiras de superar as objeções. Ele apresenta mais de 126 exemplos de fechamentos e respostas diferentes às objeções, que vão prepará-lo para lidar com quase qualquer situação. Não há desculpas. Se não quiser investir tempo para se preparar, garanto que vai perder negócios desnecessariamente. É uma tolice quando um vendedor diz: "Não tenho tempo para treinar, ler livros ou ir a seminários... Estou ocupado vendendo!" Na realidade, ele está ocupado fazendo uma boa venda ou apenas vendendo e desaparecendo?! Independentemente do quanto seja bom no que faz, você ainda vai precisar do melhor equipamento. Se sua profissão fosse cortar árvores, você não gostaria de dedicar um tempo para afiar sua serra? Claro que sim.

Se deseja fechar mais negócios, ganhar mais dinheiro e criar mais sucesso de vendas para você e para sua empresa, então não há como substituir a preparação, como faria se fosse uma máquina de fechamento ninja assassina faixa preta de terceiro grau.

Anote cada objeção que ouvir e descubra imediatamente como lidaria com uma objeção semelhante no futuro, ou consulte meu livro *The Closer's Survival Guide* para encontrar uma resposta apropriada. Então, pratique essa resposta até decorá-la. Suponha que você ouça a objeção: "Preciso ver com minha esposa." Anote-a, procure uma solução e pratique até dominá-la!

Por exemplo, se um cliente disser: "Preciso falar com minha esposa", minha resposta seria: "Entendo, mas se o seu casamento for parecido com o meu, ela sabe que você está aqui e vocês já discutiram isso. Vamos fazer isso. Assine aqui, por favor." Talvez você ache que isso é muito incisivo, exagerado ou agressivo. A única razão pela qual pensa assim é porque nunca a usou ou talvez nunca tenha tido sucesso com ela. Se a tivesse usado cem vezes e ela tivesse funcionado cinquenta vezes, não consideraria a resposta "de jeito nenhum".

Estou supondo que você acredita em seu produto, em sua empresa e em você mesmo, e que conhece todo o seu valor e seus benefícios. O negócio é o seguinte: Seu cliente potencial está na sua frente por um motivo. Ele está tentando resolver seus problemas com seu produto. Quando você não sabe o que dizer diante de uma objeção, recua e, em seguida, não consegue aproveitar a situação e ajudar seu cliente. Qualquer pessoa que precisa falar com sua esposa para tomar uma decisão, deixa claro que não tem capacidade de decidir por si mesmo. (Desculpe se o ofendi!)

Se você se sentir sobrecarregado por problemas, situações e objeções do cliente potencial, é porque não está se preparando bem o suficiente para o fechamento.

SENTINDO-SE UM IDIOTA

Se você alguma vez já sonhou que estava na frente de um grupo de pessoas e então percebeu que estava nu, sabe o que é se sentir um idiota. Você foi flagrado com as calças abaixadas. As pessoas estão rindo, e você se sente paralisado. Aqui está a boa notícia: Todos temem ser expostos, apanhados e exibidos como inadequados ou despreparados.

A palavra "idiota" vem do latim. Era usada para descrever uma pessoa comum, que não era educada nem experiente. É uma palavra usada para fazer uma pessoa se sentir mal, sentir que ignora algo que "todo mundo sabe!" Sentir-se um idiota é apenas a sensação de não saber algo. Muitas vezes, nós até SABEMOS algo intuitivamente, mas não o usamos por qualquer motivo. Você SABIA que não deveria ter ido ao bar naquela noite, mas saiu mesmo assim e, quando se envolveu em uma briga, sentiu-se um idiota, porque não deu ouvidos aos seus próprios instintos. A medida em qual você *teme* se sentir um idiota é a mesma em que você busca nos outros o seu amor-próprio. Se fizer algo idiota, a melhor coisa que pode fazer é admitir rapidamente e aprender com isso, para que possa seguir em frente na próxima vez.

Veja, o que estou dizendo aqui é que ser um idiota e ter medo de ser um idiota são duas coisas diferentes. Todo mundo age como idiota em algum momento e em alguma tarefa, o que significa que deve treinar e se especializar — você não nasceu pronto. Homens de grande habilidade começaram como idiotas antes de aprenderem, praticarem e se tornarem excelentes. Mas seu *medo* de ser um idiota o impedirá de aprender, praticar e, eventualmente, se tornar ótimo. Então vá em frente, seja um idiota e cometa erros. Liberte-se desse medo, perseguindo suas ambições e estando disposto a ser um idiota. Desta forma, você terá a rara liberdade de poder ficar nu diante de outras pessoas e ainda se divertir com isso.

CONHECENDO NOVAS PESSOAS

De acordo com as pesquisas, os vendedores acham que conhecer pessoas para prospectar é um desafio. Isso geralmente é um sintoma de quem tem pensamento pequeno e conservador, e segue um plano de *contração* em vez de um de *expansão*. Por exemplo, sabe aquele vendedor que almoça diariamente em sua mesa para "economizar dinheiro?" Ele está se retraindo, não realizando.

A solução para conhecer novas pessoas e clientes potenciais é encontrar uma saída. Pense grande, não pequeno. Onde posso ir hoje para encontrar clientes potenciais para meu produto? Onde você vai durante o dia para ser visto e possivelmente ter sorte? Saia e almoce em um restaurante, mas não com um colega vendedor. Ele não está comprando nada de você. Vá para um mundo onde há pessoas e encontre-as. Que tal sua academia, o conselho municipal, igreja, convenções, feiras do setor ou aulas que você faz, sejam elas relacionadas à sua profissão ou apenas algo para se divertir? Nunca conquistei um cliente assistindo à TV em minha casa!

As possibilidades são infinitas se você estiver realmente envolvido. O primeiro passo é se comprometer a estar entre as pessoas. O segundo é descobrir como estabelecer comunicação com alguém que você conhece. A maneira mais fácil de encontrar e desenvolver um relacionamento com as pessoas é visitar o mesmo lugar repetidamente, até que esteja confortável com o ambiente e a comunicação com as outras pessoas flua naturalmente. Então, basta notar algo que tenha em comum com os outros e comentar sobre isso, e verá a comunicação começar. Além disso, pedir ajuda às pessoas é uma ótima maneira de fazer a comunicação fluir. Isso pode ser tão simples quanto mencionar o fato de que você gosta dos sapatos de alguém na fila do supermercado ou perguntar onde os comprou. Podem estar usando uma marca de óculos de sol de sua preferência ou dirigindo um carro sobre o qual deseja saber algo. Se estiver em um restaurante, pode até admirar o prato que a pessoa da mesa ao seu lado pediu e lhe perguntar sobre ele. O que estou tentando demonstrar aqui é que quanto mais participar da vida e se interessar pelas pessoas ao seu redor, mais as conhecerá. Interesse-se pelos outros, comunique-se com todos, procure ser visto e fazer contato, e observe seus pipelines começarem a encher.

QUEBRANDO O GELO

O vendedor deve sempre quebrar o gelo ao estabelecer um relacionamento. Os clientes não ligaram para você, não dirigiram até sua empresa ou concordaram com uma reunião porque estavam desinteressados. Se pretende ajudá-los a obterem o que desejam, você precisa conhecê-los. Às vezes, quebrar o gelo é um pouco desconfortável. Quanto mais fizer isso, mais confortável ficará, e quanto mais acreditar no que está fazendo, menos problemático será.

Muitas vezes, seus clientes potenciais são cautelosos quando estão comprando ou quando você liga para eles devido a experiências anteriores ruins com vendedores. É preciso saber como abordar os clientes potenciais para que se sintam bem-vindos e à vontade, sem afastá-los ou fazê-los se sentirem pressionados. É mais simples do que você pensa: (1) Aborde o cliente potencial, não espere que ele se aproxime de você. (2) Sorria e agradeça à pessoa pelo seu tempo ("agradeço muito por ter vindo aqui ou por ter reservado um tempo para mim"). (3) Estenda sua mão e diga: "Meu nome é _____," e pergunte o dele, se necessário. Mantenha sua mão estendida até que a pessoa a aperte. Faça contato físico sempre que puder, pois isso quebra os limites físicos. Sorria e continue sorrindo, independentemente da atitude deles.

Assim que a linha de comunicação for estabelecida, comece imediatamente a explicar o que pretende fazer com o tempo que a pessoa está lhe concedendo. Depois de quebrar o gelo, não gaste os próximos trinta minutos criando um relacionamento e desperdiçando o tempo do seu cliente. Sempre há tempo para isso mais tarde! Antes de apresentar seu produto ou empresa, interesse-se pelo cliente, descobrindo qual é o problema que ele está tentando resolver com seu serviço ou produto, ou até mesmo o porquê de ter reservado um tempo para vê-lo. Se Bob concorda em me ver, ele está tentando resolver algum problema.

MANTENDO-SE MOTIVADO

Uma das perguntas que mais ouço de pessoas de *todos* os setores e carreiras é: "Como posso me manter motivado, especialmente quando não sinto que estou chegando a lugar algum?" Este não é um problema exclusivo dos vendedores. É um desafio universal enfrentado por qualquer pessoa que tenta realizar qualquer objetivo. Esteja você tentando fazer uma grande venda, perder aqueles quilos extras, treinando para uma maratona ou aprendendo um idioma, decepções e fracassos sempre ocorrem com qualquer objetivo que valha a pena.

A chave do sucesso é saber como se manter motivado diante das barreiras, das interrupções e das coisas que não acontecem como você espera ou planeja. A principal maneira de me manter motivado é manter-me ocupado, passando rapidamente de uma atividade para a próxima, sem muito tempo entre elas. Você conhece o velho ditado: "Seu copo está meio vazio ou meio cheio?" A realidade é que, se estiver se movendo rápido o suficiente, não importa o motivo que o leva para a próxima atividade. Minha motivação vem da minha atenção no futuro, não de algo feito no passado.

Quando passo para a próxima atividade, não tenho tempo para me deixar levar e me concentrar no que deu errado. Em vez disso, concentro-me no que tenho que fazer a seguir. Acredito que a depressão é, na verdade, inatividade mal identificada! Se houver um incêndio em sua cozinha, garanto que não ficará deprimido. Você ficará ocupado em apagar o fogo ou verá sua casa ser consumida. Fique deprimido mais tarde, mas não enquanto algo estiver acontecendo!

Outra dica para se manter motivado é ficar longe de más notícias e profetas do juízo final. O objetivo deles é arrastá-lo para baixo e entender onde vivem e as escolhas que fizeram. Eles só vão fazer com que você se sinta um fracassado, mais desesperado e apático para tomar qualquer ação em direção ao seu objetivo. Em vez disso, mantenha-se positivo, conectado às pessoas em sua equipe, em seu grupo, ou treinando com aqueles que compartilham seu objetivo e o ajudarão a comemorar suas pequenas vitórias ao longo do caminho.

COMEÇANDO COM NOVOS CLIENTES

Começar de novo pode causar ansiedade e incerteza. Se estiver começando com um novo produto ou uma nova empresa e precisar voltar à estaca zero, talvez se sinta derrotado. Quando se encontrar nessa situação, a coisa a fazer é planejar e, o mais importante, entrar em ação! Se estiver começando de novo, você já esteve no ponto inicial e passou por ele. Já sabe o que fazer. Faça sua lista de clientes potenciais, desenvolva sua base de poder, fique por dentro do seu novo produto ou serviço e comece! Entre em ação rapidamente. Quanto mais rápido começar a apresentar seu argumento de venda, obter interesse e construir seu pipeline, mais rápido trabalhará para sair da condição de desconhecido e novo. Divulgue seu nome, produto e mensagem imediatamente. Não espere para se tornar um especialista em seu novo produto ou empresa. Convença-se de que conhece o produto e torne-o conhecido para outras pessoas.

PERDENDO NEGÓCIOS PARA OS OUTROS

Pode ser desmoralizante perder um negócio para um concorrente. Você tem duas opções quando isso acontece: (1) Pode culpar algo ou outra pessoa e ser uma vítima, ou (2) pode aprender com isso e ganhar da próxima vez. Se escolher o primeiro plano de ação, isso só vai piorar a situação. A razão para isso é que você não assume total responsabilidade pela venda. Está se deixando convencer de que algo ou alguém além de você está no controle da transação. Isso deixa muito espaço para o fracasso e abre a porta para que seu concorrente continue agindo e ganhando seus negócios. Em vez disso, quando perder um negócio para um concorrente, tente escolher o segundo caminho. Dê uma boa olhada no que aconteceu e por que o produto ou serviço do concorrente parecia superior ao seu. Pode ter sido apenas sua apresentação. Uma ótima ferramenta a ser usada para obter essas informações é ter alguém que não seja você, de preferência um gerente, para ligar para o cliente e perguntar "O que aconteceu?" Essa é uma ligação inofensiva, que não tem a intenção de pressionar, mas feita como um procedimento de controle de qualidade para descobrir como foi a experiência do cliente e como a equipe de vendas se saiu ao representar a empresa. Isso é muito eficaz e pode reunir algumas informações valiosas que podem ser usadas no futuro. A diferença é que isso o faz enxergar a situação, pois você está realmente fazendo algo a respeito em vez de chorar sobre o leite derramado.

FALTA DE CONSISTÊNCIA

Sua falta de consistência sempre se resume a uma real falta de disciplina. Disciplina não é um conceito apenas para fisiculturistas e militares. Ela é parte integrante de nossa vida cotidiana — significa que você exerceu algum controle sobre os elementos aleatórios e transformou-os em algo. É preciso disciplinar um jardim indomado para transformá-lo em algo belo, da mesma forma que você precisa se disciplinar como vendedor.

Seu processo de fazer as ligações, conhecer novas pessoas, lidar com um cliente corretamente desde o início, acompanhar — todas essas são coisas que simplesmente se tornam parte de sua existência quando você aprende seu ofício, treina e fica mais forte. Seus medos são como ervas daninhas em um jardim, que crescem fora de controle se você não tiver disciplina para contê-los. Há um número finito de coisas que você deve fazer todos os dias, e quando as faz, seus sucessos e receitas desabrocham incrivelmente! Caso contrário, ficará dominado por ervas daninhas, decadência e indisciplina, e ficará com medo de tentar porque não tem controle.

Assuma o controle a cada dia e FAÇA o que for necessário. Crie uma lista de verificação e certifique-se de alcançar e exceder cada meta, e então melhore no dia seguinte. Ligar para 25 pessoas: FEITO. Entregar meu cartão de visita a 30 pessoas: FEITO. Escrever 50 e-mails para clientes: FEITO. Demonstrar meu produto pessoalmente para 10 pessoas: FEITO. Fechar 3 novos negócios: FEITO.

Trate isso como um jogo e melhore sua "pontuação" diária. Em breve, a temida necessidade de "disciplina" será substituída por hábitos bem ajustados, que criam riqueza para você, sua família e sua empresa.

CAPTANDO/PROSPECTANDO

Quem é o meu cliente? Todos ponderam isso ao procurar clientes potenciais e um ponto de partida para seus negócios. Essa resposta será instintiva no momento em que compreender e tiver certeza de que seu produto se vende sozinho. Assim que o tiver vendido, saberá todos os problemas que ele resolve. Então, terá todas as informações necessárias para falar com QUALQUER PESSOA sobre o produto ou serviço que está vendendo. Saberá imediatamente quem tem problemas que podem ser resolvidos pelo seu produto ou serviço, e poderá mirar nessas pessoas ao captar ou prospectar. Como captar? Etapa um: Deixe medos, reservas e inibições em casa. Etapa dois: Aja de forma profissional. Etapa três: Mapeie vários clientes potenciais com base em quem precisa do seu produto ou serviço. Etapa quatro: Vá visitá-los! Demonstre confiança ao chegar. Eu tenho alguns verdadeiros guerreiros de estrada trabalhando para mim em minha organização, que fazem captação em cidades desconhecidas todos os dias. Sua crença total no fato de que nosso produto pode melhorar a vida de nossos clientes lhes dá a confiança e a coragem necessárias para superar qualquer medo que possam ter e entrar em contato com estranhos. Eles entram em uma empresa, ignoram os vendedores e vão direto para o escritório do tomador de decisões, apenas pela maneira como se comportam. Eles exalam um ar de "Pertenço a este lugar e sei para onde estou indo." Acredite em seu produto ou serviço e vença seu medo, entrando em ação. A ação pura e massiva acabará com ele.

APENAS COMISSÃO/NENHUMA SEGURANÇA

Desde que nascemos fomos aconselhados a estudar muito, ter uma boa educação, conseguir um emprego em uma grande empresa, trabalhar das 9h às 17h, tirar duas semanas de férias por ano e ter um plano de aposentadoria. Essa era a coisa "segura" a se fazer ao planejar o seu futuro. Pais, professores e conselheiros pregaram essa filosofia para incontáveis alunos, que se esforçavam para pintar, dançar, criar videogames e pensar fora da caixa. Esse é um caminho muito perigoso. Colocar seu futuro nas mãos do mercado de ações e dos CEOs dos grandes bancos que regem o comércio da sociedade é na verdade uma situação perigosa. Veja os eventos de 2008, quando até mesmo gigantes como Lehman Brothers, JPMorgan Chase e Merrill Lynch foram atingidos por enormes perdas, tendo que fechar milhares de filiais e demitir milhões de pessoas. Aquilo que valorizávamos como empregos seguros e protegidos não existe mais. A verdade é que sempre foram os inovadores, idealizadores, criadores de novas tecnologias que se saíram melhor em nossa economia global. Então, quando começar a se preocupar com a insegurança de viver apenas por comissão, considere o seguinte: Você prefere depender do conselho de diretores, dos CEOs e do sistema de previdência social para sua sobrevivência futura, ou prefere contar com VOCÊ? Quem você acha que está mais comprometido com o seu padrão de vida e seus entes queridos, os presidentes das JPMorgans do mundo ou você? Seu sucesso financeiro é mais garantido para a única pessoa que tem o controle mais direto sobre ele, ou seja, você. Essa é a verdadeira segurança.

LONGAS HORAS DE TRABALHO

A quantidade de horas que trabalha depende de você. Como disse antes, seu dia tem o mesmo número de horas do que o dia que qualquer outra pessoa. Homens ricos e pobres têm a mesma quantidade de tempo em qualquer dia. A questão é se você está trabalhando pelos seus sonhos ou pelos sonhos dos outros. Mesmo quando você vai para casa, ainda está trabalhando em algo. Talvez goste de malhar, então está trabalhando para obter o corpo que deseja. Talvez tenha uma família, então está trabalhando para eles, preparando o jantar, limpando, colocando seus filhos para dormir, e assim por diante. Talvez vá para casa e fume maconha, assista à TV, relaxe até desmaiar e comece de novo no dia seguinte. Se for esse o caso, você está trabalhando como um relógio para seu vendedor de maconha, porque é uma vítima perfeita do sistema e não está mais no comando de sua vida. Se o descrevi neste último exemplo, por favor, ligue para meu escritório e obtenha algumas informações sobre como pode sair dessa horrível armadilha. Recomendaremos um livro que o despertará e o fará sentir-se vivo novamente, mais do que qualquer droga existente.

A boa notícia é que você está trabalhando ininterruptamente, quer saiba ou não, então, se puder maximizar seu tempo para as ações positivas, estará trabalhando corretamente. Se estiver apenas acordado e "cumprindo tabela" em qualquer parte do seu dia — ou da sua vida — então meia hora parecerá uma eternidade. Se estiver realmente vivo, for o capitão do seu próprio navio, e trabalhando para VOCÊ e para os SEUS sonhos, quatorze horas não parecerão nada.

Está tudo na sua cabeça, amigo. Você decide o que faz ou não, mas DECIDE. Você pode literalmente mudar o tempo se permitir-se acordar e sentir o cheiro do "café dos seus sonhos." Uma carreira em vendas carrega o estigma de ter "longas" horas, mas eu pergunto: "Comparado a QUÊ?" Nas vendas, você está trabalhando para si mesmo, está no controle de quanto ganha e não há literalmente nenhum teto para sua renda, nenhum limite, exceto os limites que VOCÊ impõe a si mesmo. Então, se acha que trabalhar para si mesmo é trabalhar "muito", então você precisa examinar para quem realmente trabalha e enviar uma carta de demissão, com efeito imediato.

CARACTERÍSTICAS DE UM GRANDE VENDEDOR

1. Está disposto a ouvir não. "Não dá para admirar uma foto que nunca é tirada", disse Wayne Gretzky. Para ser um grande vendedor, é preciso estar disposto a ouvir não e permitir que lhe digam não mais de uma vez. A maioria dos vendedores

nunca solicita o pedido de compra repetidamente, deixando até mesmo de pedir o não, tentando evitar exatamente o que eles certamente vão acabar recebendo.

2. Solicita o pedido de compra, de qualquer forma. Acredite ou não, o principal motivo do fracasso dos vendedores é que eles nunca perguntam: "Você pode assinar aqui e aqui, por favor?" A maioria dos vendedores acredita que solicita o pedido mais do que o fazem e, na verdade, nunca solicitou na primeira vez, muito menos solicitou o suficiente. Eles provavelmente estão tentando evitar a rejeição, um não ou o fracasso. Ou talvez a disciplina de pedir ainda não tenha sido desenvolvida. Muitas pessoas que são incapazes de pedir estão agindo sob a falsa crença de que, se forem apenas legais com as pessoas, farão a venda. Apenas uma pequena porcentagem das pessoas vai comprar sem que você peça, e a maioria só vai comprar depois de você ter solicitado o pedido cinco vezes. Se não quiser solicitar o pedido de compra, você só vai receber as sobras de quem é profissionalmente treinado para fazê-lo.

3. Ouve de forma seletiva. Se você é uma daquelas pessoas que acredita que tudo o que alguém diz é verdade e que farão exatamente aquilo que dizem, será um desastre em vendas. As pessoas lhe dirão muitas coisas sem sentido: "Não posso pagar, temos um orçamento." "Não vamos comprar hoje, vamos esperar até…" "Nunca compramos de primeira." "Preciso conversar com minha esposa." "Vejo você mais tarde, ainda hoje." A lista é interminável. Se você é uma pessoa crédula e simplesmente acredita que tudo o que seu cliente diz é "o evangelho", desculpe, você não foi feito para vender.

4. Permanece vendido à sua própria história. Se você é daquele tipo de pessoa que é facilmente vendido à história de outra pessoa e incapaz de manter sua convicção e crença sobre as coisas pelas quais você é vendido, será péssimo em vender seus próprios produtos e ótimo em ser vendido para outros. Você está preso em um universo de bumerangue invertido, onde pretende vender sua história, produtos ou serviços e, em seguida, acaba comprando as histórias de todos em vez de vender as suas próprias.

5. Faz perguntas. Se você odeia fazer perguntas e acha que isso é "muito" pessoal ou invasivo, não terá sucesso na área de vendas ou como negociador. "Qual é a sua renda?" "Quanto tempo você trabalhou lá?" "Quem toma as decisões?" "Por que você não pode fazer isso?" Estas são perguntas que terá que aprender a fazer. Se elas lhe causam um desconforto com o qual você não está disposto a lidar, isso determinará seu destino nas vendas ou, nesse caso, em todas as negociações da sua vida.

6. Obtém respostas para as perguntas. Conheço alguns vendedores que não se importam em fazer perguntas, mas nunca perdem tempo para realmente obter uma resposta. Essas pessoas acreditam que estão controlando a conversa ao fazer perguntas, mas falham como vendedores porque nunca insistem nas respostas. Elas fazem uma pergunta e depois fazem outra, às vezes respondendo às próprias perguntas para o cliente e nunca chegando a lugar nenhum. A pessoa que controla a venda não é simplesmente a pessoa que faz perguntas, mas a pessoa que pode obter respostas para elas.

7. Sabe que o preço não é o problema. Se acredita que um preço menor é a razão pela qual as pessoas compram, você não deve pensar em ser vendedor. Talvez deva se tornar um balconista no Walmart ou um garçom em um restaurante. Alternativas mais baratas podem substituir 99,9% de todos os produtos neste planeta. Seja uma bolsa, telefone, TV, automóvel, seguro, hipoteca etc., alguém sempre pode e vai vendê-lo por menos. A maioria das coisas que são compradas e vendidas não são necessárias, então, se alguém quisesse realmente economizar, a única coisa a fazer seria não comprar. Um preço muito alto é um mito e não a razão pela qual as pessoas compram, mas se acredita que um preço menor é a razão pela qual as pessoas compram coisas, você está na profissão errada.

8. Está disposto a pressionar e persistir. Se você é uma daquelas pessoas que foi convencida quando criança por seus pais, professores e pelo ambiente que conseguir o que quer é uma coisa ruim, então deve evitar tudo o que está relacionado a vendas e qualquer trabalho que envolva negociação, debate ou empreendedorismo. Um diamante é apenas carvão até que a quantidade certa de pressão seja aplicada durante o tempo certo. As pessoas não vão se desfazer de seu dinheiro ou tomar decisões sem alguém agregando valor e, em seguida, insistindo para que ajam. Se despreza a pressão ou persistência, não venda e não faça negócios por conta própria.

9. Acredita na venda como uma coisa boa. A maioria dos vendedores realmente acredita que o que estão fazendo é errado e antiético, e por isso falham. Mesmo uma pequena dose desse tipo de pensamento vai matar suas chances de um dia

ter sucesso em vendas. Grandes vendedores têm orgulho de seu cargo e profissão, e sabem que nada acontece neste planeta sem eles.

10. Treina e se prepara constantemente. Se você é uma daquelas pessoas que pensam que venderão com sucesso apenas por causa de suas habilidades naturais e não estão dispostas a treinar e a se preparar, não terá sucesso como vendedor. Você pode até ser um vendedor mediano, mas provavelmente morrerá quebrado. Até mesmo os grandes vendedores serão atormentados por ameaças competitivas, mudanças no setor e economias desafiadoras ao longo de suas carreiras e correrão riscos. Para ser um grande vendedor, você terá que participar de treinamentos e seminários sobre vendas, ler livros sobre o assunto e permanecer conectado às dicas e estratégias de vendas.

A propósito, os números 1 e 8 não apenas garantirão que você fracasse como vendedor, mas também que sua vida no planeta Terra seja bastante difícil.

SOBRE O AUTOR

Grant Cardone é especialista e instrutor internacional em vendas, palestrante motivacional e autor best-seller do *New York Times*. É conhecido por personalizar programas de vendas para organizações de todos os portes, afetando positivamente centenas de milhares de pessoas e organizações em todo o mundo. Empresas da Fortune 500, empresários, organizações sem fins lucrativos e indivíduos usam suas técnicas e sistemas para aumentar sua eficácia e seu valor no mercado.

Cardone é a estrela do reality show *TurnAround King,* além de colaborador regular da Fox News, CNBC, MSNBC e CNN. Por mais de 25 anos, tem ministrado palestras para públicos em todo o mundo sobre vendas, sucesso, finanças, imóveis e motivação. Sua energia e seu jeito bem-humorado e dinâmico mantêm o público entretido, intrigado e envolvido.

Cardone é CEO de duas empresas de treinamento e consultoria e possui uma empresa de investimento e desenvolvimento imobiliário no valor de mais de US$100 milhões em participações imobiliárias.

É autor de três livros para inspirar aqueles que desejam alcançar o sucesso: *The Closers Survival Guide* (2009), *If You're Not First, You're Last* (2010) e *10X: A Regra que faz a diferença entre o Sucesso x Fracasso* (2019).

Continuando sua tradição de dar vida a ferramentas, tecnologias e soluções de vendas inovadoras, ele lançou um centro de treinamento virtual interativo e de última geração em www.CardoneOnDemand.com e www.CardoneUniversity.com.

O autor também está profundamente envolvido em assuntos cívicos e recebeu prêmios por seus esforços do Senado dos EUA, Congresso dos EUA, Condado de Los Angeles, Exército dos EUA, entre outros. No MIT, Cardone recentemente falou à Young Entrepreneurs Organization, que contou com a presença de representantes de mais de quinze nações. A McNeese University homenageou Cardone como um distinto ex-aluno.

Atualmente, Cardone vive em Miami, na Flórida, com sua esposa, a atriz Elena Lyons, e suas filhas.

CONHEÇA OUTROS LIVROS DA ALTA BOOKS

Todas as imagens são meramente ilustrativas.

- Histórias que Inspiram — Kindra Hall
- Philip Kotler — Marketing para o Século XXI
- O Efeito Halo — Phil Rosenzweig
- Atravessando o Abismo — Geoffrey A. Moore
- Inspirado — Marty Cagan
- As Quatro Melhores Conversas de Coaching — Jerry Connor e Karim Hirani
- Armas e Ferramentas — Brad Smith
- Os Nove Titãs da IA — Amy Webb
- 7 Segredos para Investir como Warren Buffett — Mary Buffett & Sean Seah

CATEGORIAS

Negócios - Nacionais - Comunicação - Guias de Viagem - Interesse Geral - Informática - Idiomas

SEJA AUTOR DA ALTA BOOKS!

Envie a sua proposta para: autoria@altabooks.com.br

Visite também nosso site e nossas redes sociais para conhecer lançamentos e futuras publicações!

www.altabooks.com.br

ALTA BOOKS EDITORA

/altabooks ▪ /altabooks ▪ /alta_books

Este livro foi impresso nas oficinas gráficas da Editora Vozes Ltda.,
Rua Frei Luís, 100 – Petrópolis, RJ.